経済学レシピ

Edible Economics:
A Hungry Economist Explains the World

ハジュン・チャン
Ha-Joon Chang
黒輪篤嗣［訳］

食いしん坊
経済学者が
オクラを食べながら
資本主義と
自由を考えた

東洋経済新報社

ヒジョン、ユナ、ジンギュへ

目次

序章　にんにく　経済学をおいしく味わう「食のあれこれ」……15

強烈な匂いの鱗茎《りんけい》が、韓国の建国の礎となり、英国人を怖がらせ、みなさんに本書を読む理由を教える

第1部 先入観を克服する

第3章

「褐色」の人たちが貧しいのは勤勉に働かないからだという説がなぜ間違いであるかを、褐色のフルーツが明らかにする

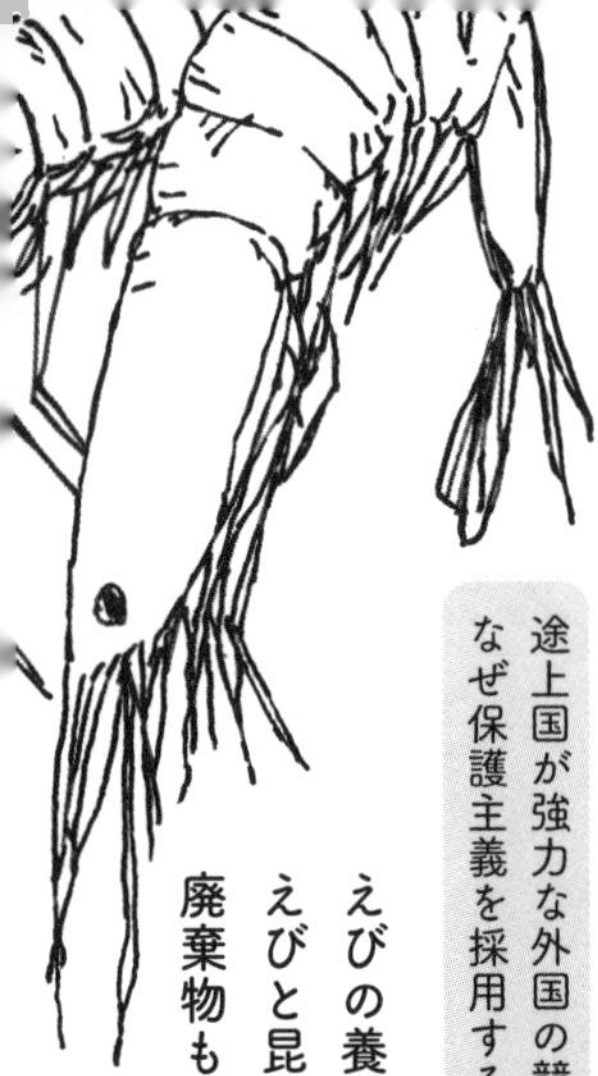

第2部 生産性を高める

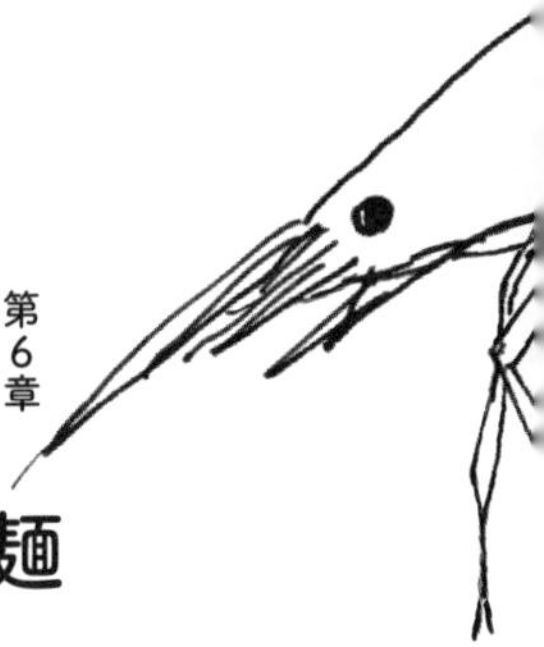

第3部 世界で成功する

第4部 ともに生きる

第12章

鶏肉

結果の平等・機会の平等・能力の平等……184

経済的な平等と公平のほんとうの意味を、みんなに好んで食べられていながら、みんなから軽んじられている鳥が教える

第13章

唐辛子

保育・介護・看護の過小評価の問題……196

ケア労働が、わたしたちの社会や経済を支えるものでありながら、いかに無視され、正当な評価を受けていないかを、木の実のペテン師の助けを借りて理解する

第5部 未来について考える

第15章　スパイス　「株式会社」の長所と副作用

第16章　いちご　機械は人間の仕事を奪うのか

訳注は〔 〕で示した。
原注にあるURLについては原書通りに記載した。

序章　にんにく

経済学をおいしく味わう「食のあれこれ」

マヌルチャンアチ（韓国——筆者の母のレシピ）
にんにくを醤油と、米酢と、砂糖で漬けた料理

はるかな昔、この世界が誕生した頃、人類は混沌と無知に苦しんでいた（人間は当時からほとんど変わっていないのだ）。そんな人間たちを天界の王子、桓雄（ファンウン）が憐れんだ。桓雄は地上に降臨し、朝鮮半島北部に神市（シンシ）という国を築くと、そこで人間たちに法律や農業、医術、芸術の知識を授けて、人間たちを苦境から救い出した。

あるとき、桓雄は虎と熊の訪問を受けた。地上で桓雄がしたことを見ていた虎と熊は、世界のようすが一変したのを目の当たりにし、自分たちも人間になりたいと願い出た。桓雄はどちらも人間にしてやろうと請け合った。ただし、百日間、洞窟の奥にこもって、にんにく（マヌル）とよもぎ（スック）[*1]だけを食べて過ごすことが条件だった。虎と熊はそのとおりにするといい、日光の

届かない深い洞窟の中へ入っていった。

数日すると、虎は早くも音を上げた。「ばからしい。こんなにくさいものと苦いものばかり食べてられないや。いちぬーけた」と。熊は試練に耐え抜き、百日後、美しい人間の姿を与えられ、熊女（ウンニョ）と名乗った。熊女はのちに桓雄と結婚し、一男を儲けた。この男の子が朝鮮半島の初代の王、檀君（タンクン）になった。

にんにく消費量世界一

わたしの母国、韓国は文字どおりにんにくを礎にして建国されたのだ。そのことは韓国人の食事からも見て取れる。韓国風鶏の唐揚げ（コリアン・フライド・チキン、略してＫＦＣ[*2]）は、まさににんにく尽くしの逸品だ。刻んだにんにく入りの衣をつけて揚げ、たいていは甘辛い唐辛子のたれと、さらなるにんにくで味をつける。

韓国人はプルコギ（漢字で書けば「火肉」で、薄切りの牛肉の焼き肉）のたれに入っている刻みにんにくの量が少ないと感じることがある。そんなときはどうするか？　やはり生のにんにくか、焼いたにんにくのスライスをつけ足す。韓国の代表的な漬物であるマヌルチャンアチは、にんにくを醤油（カンジャン）と米酢と砂糖で漬けたものだ。にんにくの葉や芽（茎）も同じように漬物にする。にんにくの葉は干しえびといっしょに炒めたり、茹でて、甘辛い唐辛子のたれと和えたりしても食べる。

そして韓国の国民食、キムチ。白菜のキムチが一般的だが、じつは野菜ならなんでもいい。韓国料理を少し知っている人は、キムチと聞くと、真っ先に唐辛子を思い浮かべるだろう。しかし、唐辛子を使わないキムチも何種類かある。それでも、にんにくを使わないキムチはない。*3

韓国料理のスープには、肉のスープでも、魚介類のスープ（具材はいわしが多いが、小えび、干し貝、うにのこともある）でも、必ずといっていいほど、にんにくの出汁が使われている。韓国料理でテーブルにずらりと並ぶ小皿料理（「ご飯のおかず」を意味するバンチャンと呼ばれる）は、野菜であれ、肉や魚であれ、生であれ、炒め物であれ、煮物であれ、茹でたものであれ、たいていにんにく（生のにんにく、揚げたにんにく、茹でたにんにく）入りだ。

わたしたち韓国人はにんにくを食べているだけではない。にんにくを加工してもいる。それも一産業をなすほど大量にだ。韓国人とにんにくとは切り離すことができない。

2010〜17年の韓国人のひとり当たりのにんにくの消費量は、じつに年間7・5キロにのぼった。(1) 最も多かった2013年には8・9キロを記録している。(2) これはイタリア人のにんにく

＊1　東アジア原産のいくらか苦みのある野草。学名Artemisia princeps。
＊2　もうひとつのKFCよりおいしい（私見）。
＊3　例外は仏教の寺。仏教の僧侶は肉食だけでなく、にんにくやたまねぎを食べたり、調理したりすることも戒律で禁じられている。

の消費量（同年、720グラム）の10倍以上に相当する。[3] にんにくを食べる量にかけては、イタリア人は韓国人の前では「ひよっこ」だ。[*4] 英国や米国では、にんにくを食べる国民といえばフランス人と決まっているが、その年間消費量はたった200グラムにすぎない（2017年）。[4] 韓国人が食べている量の3％以下だ。足下にも及ばない！

確かに、わたしたちも7・5キロの全部を口に入れるわけではないことは認めよう。にんにくの多くはキムチの汁の中に残っていて、その汁はふつうは捨てられる。[*5] プルコギやほかの肉のマリネでも、汁にふんだんに入っている刻みにんにくは食べずにそのまま残される。しかしそのようなむだをすべて差し引いても、わたしたちが食べているにんにくの量は半端じゃない。それは断言できる。

にんにくフリーク、英国に行く

生まれてからずっと、にんにくフリークに囲まれて暮らしてきた人間は、自分がいかに日々たくさんのにんにくを食べているかに気づいていない。1986年7月末、ケンブリッジ大学の大学院進学のため、22歳で大韓航空に搭乗したときのわたしがそうだった。空の旅はまったく初めてというわけではなかった。自慢じゃないが、4回、飛行機に乗った経験を持っていた。韓国本土の南にある亜熱帯の火山島、済州島《チェジュド》に2回、飛行機で行った（そして帰ってきた）ことがあったのだ。飛行機に乗っていた時間は長くはなかった。ソウルと済州島間のフライトは45分弱だから、当時のわたしのフライト経験は合計でも3時間以下だった。しかしわたしを不安にさせたのは、これから自分が空を飛ぼうとしていることではなかった。

韓国を離れるのはそのときが初めてだった。貧しかったからではない。父が高級官僚だったので、わたしたち一家はお金持ちとまではいえなくとも、恵まれた生活をしていて、ときどき外国旅行するぐらいの余裕はあった。しかし当時の韓国では、レジャー目的で外国へ行くことは許されていなかった。レジャーが目的では政府に旅券を発行してもらえなかったのだ。政府主導の工業化が進められている時代だった。政府としては、輸出で稼いだドルはすべて経済の発展に必要な機械や原料の購入に使いたかった。外国でのバカンスなどという「不まじめな」ことに外貨を「むだに」費やすわけにはいかなかった。

しかも当時は、韓国から英国へ行くのにとてつもなく長い時間がかかった。今なら、ソウルとロンドン間は11時間程度で飛べる。1986年は冷戦の最中で、資本主義陣営である韓国の飛行

＊4　英国の詩人でジャーナリストのジェイムズ・フェントンが、1998年のソウルオリンピック前夜のようすを伝えた『インデペンデント』紙の記事で用いた表現。

＊5　残った汁をむだにしない人もいて、よく焼き飯（ポックンパ）、特にキムチボックンパの味つけに使っている。ラーメンの味が物足りないときに注ぎ入れたり、ほかに食べるものがないときにご飯と混ぜたりすることもある。

機は、北朝鮮の領空に入れないのはいうまでもないが、共産主義国である中国やソ連の上空も飛べなかった。まず、わたしたちの飛行機はアラスカのアンカレジへ向かった。これに9時間かかった。そこで2時間の給油作業後（そのあいだにわたしは日本のうどんを食べた。これがわたしが人生で初めて外国で口にした料理だった）、さらに9時間かけて、ヨーロッパへ飛んだ。しかし着いた先は、ロンドンではなかった。その頃の大韓航空にはロンドン行きの便がなかった。わたしはパリのシャルル・ド・ゴール空港で3時間過ごしてから、ようやくロンドン行きの飛行機に乗った。そういうわけで、ソウルの金浦《キンポ》空港を出発してからロンドンのヒースロー空港に到着するまでに、24時間かかった。機内で19時間、空港で5時間だ。そこは地球の裏側だった。

わたしが心細さを感じたのは、そんな距離のせいばかりではなかった。言葉の壁や、人種の違いや、ある程度はあらかじめ覚悟していた文化的な偏見も理由だった。夜の10時まで空が明るいことや、冬には午後4時に夜が始まることにはどうにか適応できた。受け入れがたかったのは、夏でも最高気温が15度とか16度とかの日があることだった（韓国の夏は熱帯のように蒸し暑く、気温33度、湿度95％というのがふつうだった）が、文句をいっても始まらないので、それも受け入れた。雨の多さすら、がまんできた。ただ、ここまでしょっちゅう降るとは思っていなかったのだが。[*6]

くじけそうになったのは、食べ物だ。韓国を発つ前、英国は美食の国ではないと忠告されてはいた（韓国には渡英経験者はほとんどいなかったので、本で）。しかしまさかこれほどまでとは思いもよらなかった。

もちろん、ケンブリッジで好きになった料理もいくつかあった。ステーキ、キドニーパイ、フィッシュ＆チップス、コーニッシュパスティだ。けれど大半は、控えめにいって、ひどかった。肉は焼きすぎで、風味も乏しかった。そのままでは食べられず、グレイビーソースをかけなくてはならなかった。そのソースがまたすごくおいしいときと、すごくまずいときとがあった。イングリッシュマスタードはわたしにとって、それなくしては英国の食事に立ち向かえない、強力な武器になった。マスタードさまさまだった。野菜はくたくたになるまで茹でられ、まるで食感というものがなく、味つけといえば塩のみだった。

何人かの英国の友人たちが誇らしげにいうには、英国の料理が薄味なのは（というより、無味？）、ソースみたいなごてごてしたものでせっかくの素材のよさを台無しにしないためらしかった。狡猾なフランス人がソースを使うのは、肉のまずさや野菜の古さをごまかすためだという。のちに、ケンブリッジでの1年めの終わりにフランスへ行き、自分の舌で本場のフランス料理を初めて味わってみると、友人たちのもっともらしい言い分を信じる気はいっきに消え去った。

＊6　ただし、量はあまり変わらない。年間の降雨量は両国とも、だいたい1200〜1300ミリだ。韓国では夏に集中的に降るので、英国と違って、夏以外の季節にはさほど頻繁には降らない。

よその国の食べ物に寛容ではなかった

1980年代の英国の食文化は、ひと言でいえば「保守的」だった。とことんまでそうだった。英国人は昔から食べているものしか食べなかった。「よその国の」料理とされたものはほとんど宗教的なまでに猜疑の目で見られ、忌避された。ロンドンのソーホーとか、おしゃれな歓楽街にでも足を運ばない限り、純英国風にアレンジされた——そしてたいていはひどくまずくされた——中華料理と、インド料理と、イタリア料理ぐらいしか、ほかの料理の選択肢はなかった。

英国の食の保守主義を典型的に表しているとわたしに感じられたのは、今はもうないが当時はどこにでもあったレストランチェーン、ピーツァランドだ。ピーツァランドはピザが禍々しい「よその国の」料理であることを踏まえ、メニューにベイクドポテトをトッピングしたピザを入れて、客の警戒心を解こうとしていた。

「よその国の」ものかどうかを巡る議論がすべてそうであるように、このような英国人の態度は、冷静に考えてみれば、もちろんばかばかしい。そもそも英国人に人気のクリスマス料理は、七面鳥（北米）と、ポテト（ペルー）と、にんじん（アフガニスタン）と、芽キャベツ（ベルギー）で作られているのだから。しかしそんな理屈を並べても始まらない。英国人はとにかく「よその国のもの」を取り入れる」ことを頑として拒んでいたのだ。

数あるそういう「よその国の」食べ物の中でもいちばん敵視されているのは、どうやらにんにくのようだった。英国に来る前から、わたしは英国人がフランス人のにんにく好きに嫌悪感を抱いていることは聞いていた。バッキンガム宮殿でも、ウィンザー城でも、にんにくが大嫌いな女王に遠慮し、女王の滞在中は誰もにんにくを食べないのだという噂も耳にしていた。しかし、実際に英国に来るまで、にんにくを食べる輩がどのような目で見られるのかを理解していなかった。多くの英国人にとって、にんにくを食べるのは破廉恥な行為だった。あるいは少なくとも、周りの人間へのいやがらせと受け止められる振る舞いだった。

東南アジア出身のある友人（女性）は、あるとき、インド人のボーイフレンドといっしょに住んでいた下宿の部屋に女主人がやって来て、くんくんと部屋のにおいを嗅がれ、まさかここで誰かがにんにくを食べたのではないだろうねときびしく問われたという（思うに、褐色の肌の人たちは監視の目を盗んでそうしていたのだろう）。部屋には調理の設備はなかったらしいのだが。

わたしは韓国人にとって命と同じぐらい大事なものが非礼と見なされる国、文明への脅威とすら思われている国へ来ていたのだ。少なくとも大げさにいえば、そういうことになる。もちろん、スーパーでにんにくを買うことはできた。ただ、どれも小さくて、新鮮ではなかった。英国で売られているイタリア料理の本にも、にんにくを使った料理のレシピが載っていた。わたしなら2、3かけは必要とするところで、薄切りを2、3枚しか使っていないレシピだったが。大学の食堂では、にんにく入りだという異国風の料理すら提供されていた。しかしほんとうににんにくが入っていると断言することはわたしにはできなかった。こんな地獄のような食生活を脱するため、わたしは自炊を始めた。

料理革命前夜

しかし、その頃のわたしの料理の腕前は高が知れていた。当時、韓国の多くの母親は、男の子を台所に入らせなかった（「台所に入ったら、おちんちんがもげちゃうよ」[*7]が決まり文句だった）。台所は女たちの城だったのだ。わたしの母はそれほど古い人間ではなかったので、わたしは友人たちと違い、台所でいくらか料理のまねごとをさせてもらえた。おいしいインスタントラーメンを作るとか（じょうずに作るのは意外とむずかしい）、簡単なサンドイッチをこしらえるとか、ご飯とありあわせの具材をフライパンで炒めるとかそういう類いのことだ。

しかしそれぐらいでは料理の基礎にならなかった。そのうえ、料理をしようという動機に乏しかった。わたしはひとり暮らしで、正直、自分のためだけに料理をするのは、つまらなかった。それに20代の若者には旺盛な食欲があったから（韓国では「20代は石でも食べる」といわれる）、学生食堂で味のないぱさぱさのラム肉を出されても、レストランで茹ですぎた――ぞっとする――パスタが運ばれてきても、がつがつ食べられた。そのせいで、ケンブリッジで暮らした最初の数年間（最初は大学院生として、のちには教員として）は、たまにしか料理をせず、結局、料理のレパートリーも増えなければ、腕も上がらなかった。

これが危機を生んだ。料理の腕はいっこうに上がらないのに、食についてのわたしの知識は増える一方だった。実践より理論に強いいわゆる学者肌というやつだ。しかし食のギャップはしだいに滑稽なほどにまで広がった。

というのも、わたしが英国に来たのは、ちょうど英国で料理革命が起ころうとしているときだったのだ。「よその国の」料理をいっさい寄せつけなかった英国の難攻不落の壁についにひびが入り、他国の料理文化が少しずつ流入し始めていた。同時に、英国料理もしだいに改良されたり、刷新されたり、新しい影響と融合したりし始めた。料理本はガーデニングの本並みに続々と刊行されるようになった（夜のゴールデンタイムに園芸の番組が放送されるのは英国ぐらいなものだろう）。レシピだけでなく、食の歴史や文化が料理本で取り上げられることも増え出した。

このような世の中の変化と、自分の外国旅行を通じ、わたしはそれまで知らなかった料理と次々と出会った。それはわくわくする体験だった。わたしはさまざまな料理を試し始めた。書店で料理本を立ち読みし、かなりの数の本を購入もした。新聞で料理に関する記事があれば、むさぼり読んだ。わたし自身の身にも料理革命が起こっていた。

*7 「唐辛子（ゴチュ）抜きにするよ」ともいわれた。韓国人は辛いものが大好きだからだ。

料理本をあさる

じつをいうと、当時の韓国の食事は、英国以上に島国的だった。英国よりもはるかにおいしい料理はあったが、中華料理と日本料理を除くと、ほとんど外国の料理はないに等しかった。外国の料理といえば、「軽洋食」と呼ばれていたものぐらいで、それも実体は日本で生まれた「西洋風」の料理にすぎなかった。豚カツ（本家オーストリアのものと違い、子牛肉の代わりに豚肉が使われたシュニッツェル）と、ハンバーグステーキ（フランス料理のステークアッシェをまねた肉料理だが、ステーキとは名ばかりで、牛肉よりたまねぎや小麦粉といった安いつなぎのほうが多かった）、それに（ぱっとしない味の）スパゲッティ・ボロネーゼ（単にスパゲッティと呼ばれていた）がその代表格だった。

ハンバーガーはまれにしかお目にかかれず、高級デパートのレストランで異国の食べ物として提供されていた。とはいえ、おいしいわけではなかった。1980年代半ば、バーガーキングの登場は韓国にとって文化的な出来事だった。ほとんどの韓国人はその頃初めてピザというものを知った（ピザハットがソウルにオープンしたのは、1985年だ）。英国に留学し、仕事や休暇でヨーロッパ大陸を訪れるようになるまで、わたしは本物のフランス料理やイタリア料理を食べたことがなかった。

当時韓国にあった数少ないフレンチやイタリアンの店で出されているのは、かなり米国風にアレンジされたものだった。中国と日本以外のアジアの料理は（タイ料理も、ベトナム料理も、インド料理も）、実物を見たことがなかった。ギリシャとか、トルコとか、メキシコとか、レバノンとか、もっと遠い国の料理はいわずもがなだった。

わたしの食の理論と実践のギャップが狭まり始めたのは、1993年に結婚し、真剣に料理をするようになってからだった。妻ヒジョンがわたしと生活をともにするため、韓国からケンブリッジのわたしの部屋に越してきた。部屋に十数冊もの料理本がありながら、わたしがそれを使って料理をしたことがないことに彼女は驚いた。部屋には棚を置くスペースがなかった。せいぜい大きめのラグ一枚分よりやや広い程度だった。そこで妻は賢明な判断を下した。使わない本は処分しなくてはならない、と。

わたしはまずクラウディア・ローデンの古典的名著『イタリアの食事』を手に取り、料理を始めた。イタリア料理、特に南イタリア料理の要の食材（にんにく、唐辛子、片口鰯、茄子、ズッキーニ）は、韓国人の好物だったので、おのずと手が伸びたのがその本だった。わたしが最初に作ったローデンの料理は、トマトソースと3種のチーズ（モッツァレラ、リコッタ、パルメザン）を使った茄子の焼きパスタだ。今でもこれは（自分の好みに合わせて少しアレンジを加えたが）わが家の人気メニューになっている。アントニオ・カルルッチョの本からはパスタとリゾットについて多くのことを学んだ。

イタリア料理がわたしの得意料理だが、フランス、中国、日本、スペイン、米国、北アフリカ、中東の料理を作るのも大好きだ。それから（これは新しい時代に暮らしていることの証拠でもあるが）英国のレシピからも数々のことを教わった。とりわけデリア・スミス、ナイジェル・スレイター、ナイジェラ・ローソンの本にはお世話になった。韓国料理は自分ではめったに作らない。ヒジョンが作る韓国料理がすこぶるおいしいので、へたに自分で作ると自分の料理の腕に自信をなくしてしまいそうで怖いのだ。

英国人は気づき始めた

わたしが料理を覚えようとしていた頃、英国の料理革命は新たな、そして決定的な段階へと移っていった。１９９０年代半ば、それまでかけられていた魔法が解けたかのように、英国の人々がとうとう自分たちの食事のまずさに気づいたのだ。自分たちの食事のひどさを自覚した人は、当時の英国の人々がそうであったように、世界のあらゆる料理をすなおに受け入れられる。タイ料理よりインド料理が上だと主張する理由もなければ、メキシコ料理よりトルコ料理をひいきにする理由もない。とにかくおいしければいいのだ。なんとすばらしい自由だろうか。あらゆる料理をただおいしいかどうかだけで判断できる、こだわりのいっさいないこの自由のおかげで、英国に世界有数の豊かな食文化が築かれることになった。

英国はグルメの国に様変わりした。ロンドンにはなんでもある。午前1時に屋台で売られている、安くておいしいトルコのドネルケバブから、目玉が飛び出るほど高い日本の会席料理までなんでも食べられる。味つけの幅も広い。強烈で、ほとんどけんか腰の韓国料理から、薄味ながら、ほっとさせられるポーランド料理まである。イベリアとアジアとインカにルーツを持つペルー料理のような凝った料理を選ぶことも、肉汁たっぷりのアルゼンチンのステーキのような素朴な料理を選ぶこともできる。

たいていのスーパーや食料品店で、イタリア、メキシコ、フランス、中国、カリブ、ユダヤ、ギリシャ、インド、タイ、北アフリカ、日本、トルコ、ポーランドの料理の材料が手に入る。店によっては韓国料理の材料も売っている。特殊な調味料や食材も、探せばたいがいは見つかる。1970年代末までは、英国に交換留学生として来ていた米国人のある友人の言葉を借りれば、「オックスフォードでオリーブ油を買えるのは、薬局だけ」の国だったのにだ[*8]（念のため補足すると、当時薬局では、耳掃除に使うオリーブ油が売られていた）。

もちろんこのような傾向は世界的に見られる。国際貿易の発展のほか、外国へ移住したり、旅行したりする人が増えるにつれ、世界じゅうで外国の料理への関心は高まっているし、外国の料理が受け入れられてもいる。しかし英国が違うのは（おそらく独特なのは）、料理に関するあの正直

＊8　今（2022年1月14日）、調べたところ、テスコでは43種類、セインズベリーでは60種類、ウェイトローズでは70種類のオリーブ油がウェブサイトで扱われていた。

な自覚以来、食べるものについては限りなく心が広いということだ。料理の伝統が確立されているフランスやイタリアでは、人々が伝統を守ろうとして、変化に対して神経を尖らせている。そこには世界に誇る自国料理はあっても、それ以外には米国のファストフードチェーンと、安い中華料理店と、何軒かのファラフェルやケバブの店（中にはとびきりおいしい店もあるが、当たり外れがある）しかない。あとあるとすれば値段があまりに高すぎる日本料理の店くらいだ。

食べる経済学

わたしの食の世界は急拡大していたが、一方でわたしのもうひとつの世界、すなわち経済学のほうは、残念ながら、ブラックホールに呑み込まれていた。１９７０年代まで、経済学にはビジョンや研究手法が互いに異なるさまざまな「学派」があった。古典学派、マルクス主義、新古典派、開発主義、オーストリア学派、シュンペーター学派、制度派、行動経済学などがそうで、最重要学派を挙げるだけでもこれだけあった。[*9]

それらの学派はただ併存していただけでなく、相互に作用し合ってもいた。ときに「死闘」が演じられることもあった。１９２０～30年代のオーストリア学派対マルクス主義や、１９６０～70年代のケインズ学派対新古典派がそうだ。ときには、もっと平和的な相互作用も見られた。世界各国の政府による議論や政策実験を通じて、各学派の学説は否応なく磨きをかけられた。互いにアイデアを借用することもあった（そのことを明らかにせずそうすることも少なくなかったが）。

中には異なる理論を融合させようと取り組んだ経済学者もいた。いってみれば1970年代以前の経済学は、現在の英国の料理界のようだった。数多くの料理が、それぞれに異なる強みと弱みを持ち、注目されようと競っている。いずれも自分たちの伝統を誇りにしているが、互いに学び合うことからも恩恵を受けている。意図したものも、意図せざるものも、融合が次々と生まれている。

1980年代以降、経済学は1990年代以前の英国の料理界になってしまった。メニューがひとつだけ——新古典派の経済学——になってしまったのだ。ほかの学派と同じように、新古典

＊9　互いにビジョンが異なっていた（今も異なっている）というのは、経済の仕組みについての理解に加え、道徳的な価値観や政治的な立場がそれぞれ違うという意味においてだ。具体的にどういう違いがあるかはここでは気にする必要はない。興味があるかたは、前著『ケンブリッジ式 経済学ユーザーズガイド』（東洋経済新報社、2015年）で各学派の長所を取り上げ、比較しているのでそちらを読んでいただければと思う。ここで覚えておきたいのは、経済学は科学ではないということ、したがって、立証可能な完璧な答えはないということだ。あらゆる状況に有効な経済対策や経済モデルはない。どの答えが正しいかは、そのときどきの経済の状態や状況によって決まる。またその国の人々のあいだで道徳的ないし倫理的に何が最も重視されるかにも左右される。そのことは新型コロナウイルスの大流行と、その社会的・経済的影響にどう対処するかが、国ごとに著しく異なったことに示されたとおりだ。経済学とは、あらゆる感情や、倫理的な考えや、想像力が伴うものである人間活動を研究する学問だ。

派には長所もある。しかし同時に重大な欠点も抱えている。新古典派がなぜ台頭したかは複雑な話になるので、ここでは詳しく検討する余裕がない。[*10] しかし理由はなんであれ、現在、ほとんどの国々で新古典派が支配的な地位にあり、経済学といえば新古典派経済学のことを意味するほどだ（例外は日本とブラジル、それにその2国ほどではないが、イタリアとトルコだ）。この学問の「単一栽培」のせいで、経済学の知的遺伝子プールはどんどん縮小している。

新古典派の経済学者たち（つまり現在の経済学者の圧倒的大多数）は、ほかの学派の長所はおろか、その存在にすら関心を払っていない。関心を払うとすれば、ほかの学派がいかに自分たちより劣っているかを主張するときぐらいだ。マルクス主義の学説など、一部の学派の学説に対しては、「経済学ではない」とまでいっている。過去にほかの学派から有益な洞察がいくつかもたらされたことは認めるが（例えば、シュンペーター学派によるイノベーションという考えや、行動経済学による人間の非合理さという考えなど）、それらはすでに「主流」の経済学、すなわち新古典派経済学に組み込まれていると論じる。その「組み込み」がじつは単なる「つけ足し」でしかないこと、ピーツァランドのピザに足されたベイクドポテトのようなものでしかないことには気づいていない。[*11]

経済学＝人間らしさ

ここでみなさんは当然、次のようにいぶかしく感じるかもしれない。おおぜいの学者が視野狭窄に陥り、知的単一栽培にせっせと励んでいることなど、放っておけばいいではないか。わたしたちに関係のないことではないか、と。しかしそれがそうではないのだ。経済学というのは、古代ノルウェー語を学んだり、数百光年の彼方に地球に似た惑星がないかどうかを調べたりすることとは違う。経済学はわたしたちの生活に直接、多大な影響を及ぼす。

経済理論は税や、社会保障や、金利や、労働市場に関する政府の政策に影響する。これはつまり、雇用や、労働環境や、賃金や、住宅ローン・学生ローンの返済に影響することを通じて、わ

＊10　これにはいくつもの要因が関わっている。もちろん、学術的な要因——ほかの学派にそれぞれの長短があることや、研究手法として数学の重みが増したこと（それによってある種の知識は進歩する一方、ある種の知識は抑制された）——もある。しかし、新古典派の台頭は、経済学の研究者のあいだと外の世界の両方で繰り広げられたパワーポリティクス（権力政治）による部分もきわめて大きい。研究者のあいだのパワーポリティクスでは、いわゆるノーベル経済学賞（じつはこれは本物のノーベル賞ではない。あくまで「アルフレッド・ノーベルを偲んで」設けられた賞で、スウェーデン国立銀行によって授与されている）における新古典派経済学の称揚が大きな役割を果たしてきた。外の世界のパワーポリティクスに関しては、新古典派がもともと所得や富や権力の分配の問題を無視していることが、支配層のエリートたちの好みに合致した。第二次世界大戦後に起こった教育のグローバル化も、米国でいち早く（1960年代に）経済学のスタンダードになっていた新古典派が世界に広まるのを大きく後押しした。教育のグローバル化は米国の圧倒的なソフトパワーの影響下で進められたからだ。

＊11　融合されてはいないということ。融合とは、インカ、スペイン、中国、日本の各料理の要素を取り入れたペルー料理や、米国、韓国、日本、中国、メキシコの各料理の要素を取り入れた韓国系米国人シェフ、デイヴィッド・チャンの料理のようなもののことをいう。

たしたちひとりひとりの経済状態に影響するということだ。また経済理論は、高生産性産業や、イノベーションや、持続可能な開発にどれだけ経済力を振り向けるかを決定する政策に影響を与えるので、わたしたちが社会として、どういう長期的な経済の展望を持つかにも関係する。しかしそれだけではない。経済学は、そのように個人や社会の経済的な側面に影響するだけでなく、わたしたちの人格をも変える。

人格への影響の仕方には2通りある。経済学は考え方を生み出す。経済理論が異なれば、何を人間らしさの本質と考えるかも違うので、わたしたちが何を人間らしさと見なすかは、世の中に広く浸透している経済理論の影響を受けることになる。新古典派の人間観では、人間は利己的とされる。そのような新古典派の支配が数十年にわたって続いた結果、今の世の中では、自己中心的な行動がすっかり当たり前になった。利他的に振る舞えば、「おひとよし」とばかにされるか、腹に一物あるのではないかと勘ぐられる。もし行動経済学や制度派経済学の理論が支配的なら、人間の動機はもっと複雑であり、自己中心的な動機は数ある動機のひとつにすぎないとわたしたちは考えているだろう。そのような人間観のもとでは、違った社会設計から違った動機が生まれ、人々は違った動機から行動する。いい換えると、経済学は人々が何をふつうと思うか、互いをどのように見るか、どういう行動によって社会に適応しようとするかに影響を及ぼすということだ。

経済学はまた、経済発展の道筋を決め、それによってわたしたちの生き方や働き方を方向づけることを通じても、わたしたちの人格に影響を及ぼす。例えば、開発途上国の工業化を公共政策の介入で促進するべきかどうかについての考えは、経済理論によって異なる。その結果、経済理論の違いから国の工業化の程度に差が生まれ、そこから違うタイプの人間が生まれる。例えば、工業化の進んだ国に住む人間は、農業社会に住む人間と比べ、時間をきちんと守る傾向がある。仕事（とそれに伴って私生活）で、つねに時計を見て動いているからだ。

また工業化社会では、おおぜいの人間が工場でいっしょに働き、農業よりもはるかに緊密な連携を必要とする作業に携わるようになるので、労働組合の運動も活発化しやすい。労働組合の運動からは、平等主義の政策を推進しようとする中道左派政党が生まれる。そのような政党は、工場の減少につれ、弱体化したり、消滅したりすることがある。実際、過去数十年のあいだに富裕国ではそういう現象が起こっている。

さらに、経済学は社会を変えるとすらいえる。まず、経済理論の違いから異なる個人が生まれれば、おのずとそれらの個人によって異なる社会が形成される。例えば、工業化を促す経済理論のもとでは、先ほど述べたように、平等主義的な政策を求める声が強い社会が築かれるだろう。別の例でいえば、人間はもっぱら自分の利益のためだけに行動すると考える経済理論からは、協力し合うことが困難な社会が誕生するだろう。

また、経済理論によって「経済分野」の境界線をどこに引くかについての考えが違うことも、社会の形成に影響する。例えば、医療や教育、水道、公共交通、住宅といった一般に必須のサービスと考えられているものを「経済分野」と見なし、その民営化を勧める経済理論があれば、それは「1人1票」という民主主義の論理よりも「1ドル1票」という市場の論理の拡大を勧めることを意味する（この問題は「唐辛子」と「ライム」の章で取り上げる）。

もうひとつ、経済理論の違いは経済変数にも影響を及ぼす。例えば、所得や富の不平等（「鶏肉」参照）や、経済的な権利（労働者対資本家、消費者対生産者）といった経済変数だ（「オクラ」参照）。その変数しだいで、社会にどれぐらい多くの対立が生まれるかは変わってくる。所得の不平等が大きいほど、あるいは労働者の権利が制限されているほど、権力を持つ者と持たない者とはぶつかりやすくなるし、特権階級に属さない人々のあいだでも、限られたパイを巡る争いから衝突が増える。

このように考えると、狭い定義の経済学（わたしたちの所得とか、雇用とか、年金とかの経済学）に比べ、本来の経済学は数多くの根本的な部分でわたしたちに影響していることがわかる。だから、誰もが経済学の基礎を少なくともある程度までは理解する必要がある。それは単に自分の利益を守るためばかりでなく、この社会を住み心地のいい場所にするためでもある。

こういうと、経済学は「専門家」向けのもので、一般の市民向けのものではないと反論するかたもいる。難解な用語や、複雑な数式や、統計データだらけの専門的な議論が繰り広げられていて、ほとんどの人間にはちんぷんかんぷんな世界だ、と。

しかしそれでいいのだろうか。あなたは「静かな絶望の中で耐え続ける」[*12]つもりなのか。周りの世界が自分には理解のできない経済理論によって好き勝手に変えられるのを黙って眺めているつもりなのか。教えてほしい。あなたは今の社会の設計のされ方に満足しているか。政府の方針と、あなたが人間にとって最も重要であると考えることとは一致しているか。世界的な大企業と一般の労働者とのあいだで税負担が公平に分け合われていると思うか。すべての子どもたちに成功のチャンスを最大限公平に与えるため、あたう限りのことがなされていると思うか。コミュニティーや、みんなの責任や、みんなの目標が今の社会で十分に重んじられていると思うか。わたしはそうは思わない。

それでは始めよう

さて、みなさんに経済学に興味を持つようこれだけけしかけてしまったので、あとはご自分で勉強してくださいとは、さすがにいいにくい。そこで、この本でこれから、食の話とともに経済学の話をすることで、みなさんに経済学をよりおいしく味わっていただきたいと思う。ただし、食の話といっても、食の経済学を語ろうというのではない。食品の生産とか、加工とか、ブランド化とか、販売とか、購入とか、消費とかの話ではない。それらの話も出てくるが、それが中心

＊12　ピンク・フロイドのアルバム『狂気（The Dark Side of the Moon）』に入っている「タイム（Time）」という曲によれば、それが「英国人の流儀」だという。しかし、最近は、英国人以外にもそういう態度の人がかなり増えている気がする。

ではない。そもそも、そういうテーマについてはすでに世の中に数多くの好著がある。わたしの話は、母親が子どもに野菜を食べさせようとするとき、ご褒美として与えるアイスクリームにいくらか似ている。ただ、わたしは大甘な親なので、先にアイスクリームを出してから、あとで野菜を食べていただくつもりだ。

とはいえ、似ているのはあくまでいくらかだ。相手にしたくないことをしてもらうために差し出す見返りを餌と呼ぶなら、この本の食の話はけっして餌ではない。英語圏の国々で母親たちが子どもに与えるアイスクリームは、まぎれもない餌であることが多い。母親たち自身、野菜がおいしくないと知りながら、そうしているのだから。

一方、インドや、韓国や、イタリアの母親たちはあまり（あるいはまったく）そういう餌を使う必要がない。それらの国々の野菜料理は、茹でただけのブロッコリーとか、ほうれん草とか、にんじんとか（第41代米国大統領ジョージ・H・W・ブッシュは筋金入りのブロッコリー嫌いでつとに有名だった）よりはるかにおいしいからだ。それらの国々の料理では、野菜自体が十分、ご褒美になる（ただ、やっぱり多くの子どもは野菜よりアイスクリームを好むのだが）。それと同じで、本書の経済の話もそれ自体がご褒美になるだろう。ふつうの経済の話より、話題が多岐にわたり、複雑な味つけが施されているからだ。ふだん無視されている問題も取り上げれば、経済理論もひとつではなくいくつも用いる。経済政策の政治的な意味も（ときに哲学的な意味さえ）論じる。経済運営の現実的な代替案も（既存のものも理論上のものも両方）掘り下げる。

わたしは気に入った料理を友人に教えるのが好きで、よく自分で作って振る舞ったり、行きつけの店に連れていったり、あるいは料理の話で盛り上がっていっしょに生唾を呑み込んだりしている。読者のみなさんとも、わたしがいろいろな経済理論を咀嚼し、混ぜ合わせ、融合させることで得た満足感をいくらかなりと分かち合いたい。ここで紹介する経済学の理論はどれも、わたしが世界の仕組みを理解するうえで手がかりになったものであり、また、よりよい世界について考え、行動するうえでのツールになってきたものだ。

第1部

先入観を克服する

第1章 どんぐり

文化は経済発展に影響するか

トトリムク（韓国）
どんぐりのゼリー。サラダ菜、きゅうり、にんじんと和え、薬味醤油で食べる

どんぐりは極上の食材とはいえないが、かつては米国カリフォルニア州の先住民や、日本人の一部のあいだで食べられていたことが知られている。それらの人たちがどんぐりを食べたのは、もっと味のいい炭水化物の摂取源が少ないか、見つからないときだった。北イタリアで昔、貧しい人たちがパスタに使う小麦粉に栗粉を入れてその量を増やしていたのと同じだ。

韓国人はどんぐり（トトリ）をゼリー（ムク）にして、よく食べる。わたしもトトリムクが大好きだ。ヤンニョム・カンジャン——醤油（カンジャン）にごま油と、たまねぎ、唐辛子、ごまなどの薬味（ヤンニョム）を混ぜた合わせたソース——のピリッとした辛さによって、どんぐりのほのかな苦みと木の実の風味が引き立てられた料理だ。きゅうりとにんじんのスライスを加えれば、

おいしいサラダにもなる。

とはいえ、いくら好物でも、トトリムクが豪勢な料理でないことはわたしも認める。朝のきつい山登りのあと、山の上の屋台で食べるとか、安い飲み屋で酒の肴に食べるとかいうときに、いちばんおいしく感じられるのがトトリムクだ。どんぐりで豪勢な料理を作るというのは、なかなかむずかしい。

ハモン・イベリコ

ただし、イベリコ豚、別名パタ・ネグラ（黒い蹄）に餌として与える場合は別だ。イベリコ豚の豚足で作ったハムは、ハモン・イベリコと呼ばれる。最高級のハモン・イベリコとなると、ぶな林で放牧され、飼育の最終段階ではどんぐりしか食べていないイベリコ豚の豚足で作られており、特別にハモン・イベリコ・デ・ベジョータ（ベジョータはスペイン語で「どんぐり」の意）と呼ばれる。[1]そのどんぐりによってつけられた深いナッツの風味は格別だ。わたしは甘いメロンといっしょに食べるパルマ産の生ハム（プロシュット・ディ・パルマ）が大好きだが、世界一のハムといえば、やはりハモン・イベリコを選ぶ。こと食べ物に関しては一歩も譲らないイタリア人の友人たちにも、これればかりは大目に見てもらいたい。世界の多くの人たち（イタリア人を除く）がわたしと同意見であることは、その値段の高さからも窺える。

食と宗教

ハムはスペイン文化の中核をなす。映画のタイトルに「ハム、ハム」（ペネロペ・クルス、ハビエル・バルデム共演のラブ・コメディ『ハモンハモン』）などとつける国はほかにあるまい。ハムが特別な食べ物になったのは、キリスト教徒がそれまでイベリア半島を支配していたイスラム教徒と戦って、スペインを建国したときに遡る。キリスト教徒は豚肉を食べるが、イスラム教徒は豚肉を食べない。そこから豚肉がキリスト教徒としてのアイデンティティーを象徴する食べ物になったのだ。[2]

豚肉を食べないユダヤ人も、キリスト教徒の支配下に戻ったスペインで苦難を味わった。１３９１年には、おおぜいのユダヤ人が激高したキリスト教徒の群衆に殺すと脅されて、キリスト教への改宗を強要された。改宗したユダヤ人（コンベルソ）は、改宗が本物であることを証明するため、公共の場で豚肉を食べてみせなくてはならなかった。コンベルソの中には、密かにユダヤ教の信仰を保ち、豚肉や魚介類を調理せず、乳製品と肉を混ぜない者たちもいた（そのほかにも、儀礼や祭事の習慣を数多く守り続けたという）。

１４７８年、スペインに異端審問所が設置されると、偽の改宗者を捕まえるのがその目的のひとつとされた（偽の改宗者はマラノスと呼ばれた。一説では「豚」を意味するアラビア語が語源という）。[*1]

マラノスを探し出すためによく用いられたのは、土曜日に、疑わしい人物の家の煙突を見張るという方法だった。その家の住人がユダヤ教の安息日の習慣を守っていたら、土曜日には料理を作らないので、煙突から煙が出ないからだ。また審問官は毎週土曜日、路地という路地を限なく歩いて、料理の匂いが漂ってこない家を探したともいわれる。[3]

1492年1月、キリスト教徒の国土回復運動（レコンキスタ）が完了した。これによりイスラム教徒はイベリア半島から一掃された。同じ年、王の勅令でユダヤ人もキリスト教徒の土地から追放された。ポルトガルもスペインの動きに追随した。スペインとポルトガルから追放されたユダヤ人の多くは、当時イスラム教の中心地だったオスマン帝国へ逃れた。著名なトルコの経済学者ダニ・ロドリックはその末裔だ。もともとの姓は、イベリア半島のユダヤ人の典型的な姓であるロドリゲスなのだと、以前、わたしに話してくれたことがある。

現代では、迫害されたユダヤ人がイスラム教国へ逃れるというのは奇異な感じがするが、当時はそれが至って合理的な選択だった。オスマン帝国はスペインをはじめとするキリスト教国に比べ、宗教的なマイノリティーにはるかに寛容だったからだ。オスマン帝国のバヤズィト2世は、カトリックの君主の損失は自分の利益になると述べて、ユダヤ人を大歓迎したという。

＊1　ベジョータという語も、「ぶな（の木）」を意味するアラビア語バルートに由来する。ここでもイスラム教がスペイン文化に多大な影響を与えていることが見て取れる。この話はレダ・シェリフから教えてもらった。

オスマン帝国では、ユダヤ人はほかの非イスラム教徒同様、高い税金を課されたが、自分たちの神を信じることを許され、コミュニティーの自治も認められた。あらゆる職に就くことができ、宮廷顧問にも、外交官にも、商人にも、職人にも、守衛にも、大工にもユダヤ人がいた。一部で思われているのとは違って、イスラム教イコール不寛容な宗教ではないのだ。

イスラム教への偏見

イスラム教に対する文化的なステレオタイプの中には、ほかにも実際とは違うものがある。多くの人はイスラム教を軍事的な宗教だと思っており、イスラム教の原理主義者によってそのような見方が助長されている。その結果が、一般に広まっているジハードという言葉についての誤解だ。ジハードとは本来、なんらかの有意義な目標に向かって奮闘努力することを意味する言葉であるのに、異教徒との戦いのことだと思われている。イスラム教に軍事的な宗教と解釈されうる一面があるのは確かだが、その一方で、イスラム教は学ぶことの大切さも強調しており、預言者ムハンマドが次のように説いている。「学者のインクは、殉教者の血より神聖である」。現に、ルネサンスが起こったのは、イスラム教徒が数多くの古代ギリシャやローマの古典をアラビア語に翻訳し、後世に伝えてくれたおかげで、のちにそれらがヨーロッパの各国語に翻訳されたからだった。ヨーロッパではキリスト教以前のギリシャやローマの文献はキリスト教徒によって異端と見なされ、無視されるか、破壊されるかしていた。

イスラム教に対する固定観念にはほかに、科学の進歩や経済の発展に関心がない浮世離れした宗教であるというのもある。しかしイスラム教はしばしば文化的な価値にみずからを合わせることで、経済の発展を図ってきた。また中世には、イスラム世界は数学や科学の分野でも、法律の分野でもはるかにヨーロッパの先を行っていた（とりわけその中心として栄えたのは、10～11世紀のバグダッドだ）。そのことは科学の用語にアラビア語に由来する言葉がたくさんあることにも示されている。アルコールも、アルカリも、アルジェブラ（代数）も、人工知能を支えるアルゴリズムも、すべてアラビア語に起源を持つ言葉だ（「アル」はアラビア語の定冠詞）。

商業もきわめて盛んだった。アラブの商人は地中海世界はもちろんのこと、東は朝鮮半島、西はアフリカと交易していた。商人の社会的な地位も高かった。そもそも預言者ムハンマドが商人だった。そのように商人たちの宗教であることから、イスラム教は契約法を重視していた。イスラム教国で裁判官の養成が始まったのは、キリスト教国より何百年も早い。ヨーロッパの国々では19世紀になるまで、法律の教育を受けていない者でも裁判官になれたのだ。

イスラム教には、ほかの文化と比べ、経済発展に有利な重要な特徴がもうひとつ備わっている。南アジアのヒンズー教や東アジアの儒教*2と違って、イスラムの文化にはカースト制のような身分制がないということだ。身分制は生まれで職業の選択を制限し、社会の流動性を妨げる。ヒンズー教のカースト制が著しく複雑かつ厳格で、社会の流動性を阻んでいることはとても有名だ。

そこまで複雑ではなかったし、強固でもなかったが、伝統的な儒教社会の身分制も、やはりきびしいものだった。

農家の出身者も（ただし男子だけ）官僚の採用試験に合格すれば、士大夫《したいふ》という支配階級に加われるという点では、ある程度の社会的流動性はあった。しかし現実にはそういうことはきわめてまれだった。職人や商人（奴隷のすぐ上の階級）の息子は、その試験を受けることすら認められていなかった。近代に入り、公には伝統的な身分制が廃止されてからも、儒教国では優秀な若者はなかなかエンジニア（学校を出ているだけで所詮は「職人」）や実業家（「商人」の現代版）にはなりたがらなかった。それらが立派な職業と見なされるようになったのは、儒教国で経済が発展し、それらが金も力もある職業になってからだった。

つまり、イスラム文化には経済の発展を妨げるような性質が本来的に備わっているわけではないのだ。むしろ経済の発展に役立つ要素がいくつもある。学習の重視もそうだし、科学的な思考の伝統も、社会的階級の欠如も、商業の尊重も、強い法律主義も、寛容さもそうだ。マレーシアとドバイの繁栄には、イスラム教と経済的な進歩とが両立しうることが示されている。

わたしたちは異質な文化に対して、無知と、ときに悪意から、ネガティブな文化的ステレオタイプを使ってしまう。不安をかき立てる悪い面ばかりに目を向け、その国が抱える社会や経済の問題をなんでも文化のせいにしてしまう。しかしそれでは問題の真の原因を知ることはできない。

東アジアの人は勤勉か？

文化的ステレオタイプには「ポジティブ」なものもある。社会（ふつうは自分たちの社会）のいい面を誇張するステレオタイプだ。しかしこれも現実をゆがめていて、実際にどのようなメカニズムが働いているのかを理解するのを妨げる。

東アジアで「奇跡的な経済成長」が成し遂げられたのは、勤勉、倹約、教育を旨とする儒教文化のおかげだとよくいわれる。しかしそういうことを重んじない文化など、ないのではないか。例えば、１９６０年代初頭まで経済発展のレベルが同程度だった韓国とガーナ（むしろ韓国のほうがだいぶ貧しかった。１９６1年、国民ひとり当たりの所得は、ガーナが１９０ドル、韓国が93ドル）の経済になぜ差がついたかを説明しようとして、米国の老練な政治家学者で、物議を醸した『文明の衝突』の著者であるサミュエル・ハンチントンは、次のように論じている。「むろん、数多くの要素が関係している。［……］だが、文化が大きな要因であるのは間違いない。韓国人は倹約、投資、勤勉、教育、組織、規律に価値を置いた。ガーナ人が価値を置いたのはそれとは違うものだった。

＊2　儒教は古代中国の思想家、孔子の教えにもとづく政治・哲学思想（宗教ではない）。ギリシャでソクラテスが生まれた頃（前5世紀初頭）、孔子は没した。

これはつまり、文化がものをいうということだ」。ハンチントンの儒教文化の記述は、ポジティブな文化的ステレオタイプの典型例だ。肯定的に描きたい文化の、都合のいい要素だけを取り上げている。

儒教は勤勉を重んじると思われている。しかし、かつての東アジアの人々は、西洋から来た人たちに怠惰な人間として描かれるのがふつうだった。1915年、日本政府から生産性の改善のための助言をしてほしいと頼まれ、日本国内の工場を見て回ったあるオーストラリアの技師は、次のように述べている。「貴国の人々の働きぶりを見てわたしが感じたのは、たいへんなのんびり屋で、時間に頓着しない民族であるということです。話をした何人かの工場主からは、習い性を変えることはできないといわれました[4]」。

1912年、日本と韓国を旅行して回った英国の社会学者で社会改革者のベアトリス・ウェブは、日本人について「余暇という概念を腹立たしいぐらいにまで持ち、耐えがたいほどにまで個人が自立している[5]」と記し、わたしの先祖については次のようにいっている。「1200万人の汚らしい、下品で、無愛想で、怠惰で、信仰心のかけらもない野蛮人が、信じられないほどみすぼらしい白い服を身にまとって、ぶらぶらし、不潔な泥作りの小屋に住んでいる[6]」。社会主義団体であるフェビアン協会の創設者ですら、こんな調子なのだ。右派の白人至上主義者が当時、儒教国の人々について、どんなことをいっていたかは想像がつくというものだろう。

儒教は教育熱心であることでも知られる。しかし伝統的に重んじられてきたのは、官僚採用試験のための教育——政治哲学と詩——だ。そういう教育は経済の発展には直接結びつかない。農業を除けば、ものを作ったり、売ったりする類いの実業は低く見られてきた。ハンチントンなどの評論家は、儒教文化圏の人々が身につけている規律を称揚する（ベアトリス・ウェブが日本や韓国で目にしたのは、だらしない者たちばかりだったが）。しかしその規律は大勢順応主義という代償を支払って獲得されたものだ。大勢への同調を求める圧力のせいで、東アジアでは独創性や起業家精神が育たないと、別の評論家は論じる。ただ、最近はそのような主張は説得力を失いつつある。東アジアからも次々と革新的なテクノロジーや、独創的な映画や、世界的な人気ドラマシリーズや、創造的な音楽が誕生している。

ステレオタイプを疑え

このような儒教のポジティブなステレオタイプは、ほかにもいくつも解体できるが、要点はもうおわかりだろう。イスラム教をもっぱら肯定的な観点から捉えた固定観念がありうるのと同じように、もっぱら否定的な観点から儒教を紹介することもできる。各文化は多様な側面を持っている。寛容、遵法、科学的、商売上手といわれるイスラム教が本物なら、非現世的、不寛容、軍事的といわれるイスラム教もやはり本物だ。勤勉、学習、倹約、規律で特徴づけられる儒教もあれば、勤勉さを民衆のあいだに浸透させられず、社会流動性を制限し、商売や実業を見下し、創造性を殺すということによって特徴づけられる儒教もある。社会がみずからの文化的な素材から何を作り出すかは、かなりの程度まで、選択の問題になる。したがって、政策に大きく左右される。

文化的にどんな背景を持つ国でも、適切な経済・社会政策を実行することで、経済発展や機会均等など、社会にとって望ましいことを促進できる。

日本と韓国にはもともと、時間を守る習慣や、産業社会の規律を身につけた近代的な工場労働者はいなかった。そのような労働者は具体的な施策を通じて養成されたものだった。学校で時間を守る習慣や規律を教え込む、経済発展を通じて「国を再建」しようとする「愛国の戦争」には勤勉さが求められるということを呼びかけるイデオロギーキャンペーンを張る、長時間労働や酷使を可能にする労働法を制定するといった施策だ。

儒教国で教育への投資が増えたのは、学ぶことを重視した孔子の教えゆえというより、第二次世界大戦後、土地改革をはじめとする諸政策が実施されて、社会的流動性が増大し、投資の見返りが大きくなったからだった。儒教国として数百年の歴史を持つのに、しかも別の儒教国の植民地にもされていたのに、日本の統治から解放された1945年、韓国の識字率はわずか22％しかなかった。その頃、ほかの国々の識字率は軒並み韓国より高かった。仏教国タイ（1947年）は53％、キリスト教国フィリピン（1948年）は52％、イスラム教徒が多いマレーシア（1947年）は38％だ。(7)

1960～70年代の高度経済成長時代の初期、韓国の若者は理系や工学系の職に就きたがらなかった。実業を蔑む風潮が儒教文化には根強くあったからだ。そこで韓国政府は、大学の人文・社会科学系学部の入学定員と予算を制限するとともに、理系や工学系の学部を首席で卒業した学生の兵役期間を大幅に短縮するという措置を講じた。もちろん、理系・工学系学部の卒業生が増えたとき、それに見合った就業機会が用意されていなければ、大量の高学歴失業者を生むことになる。実際、多くの途上国ではそういうことが起こっている。そのような事態を避けるため、韓国政府は工業化を促進する公共政策介入を行って（「えび」と「麺」参照）、高収入でなおかつやりがいのある仕事を創出し、理系・工学系の学生が卒業と同時に就職できるようにした。

儒教国の家計貯蓄率が世界で最も高い水準を記録していることを根拠に（例えば、韓国では1990年代初頭にGDPの22％、中国では2010年に同39％に達した）、倹約の精神がそれらの国の文化的な特徴だということがいわれる。これは誤りだ。

1960年代初頭、韓国は世界の最貧国のひとつだった。その頃の韓国の（家計だけではなく国全体の）総貯蓄率は、GDPの3％を下回っていた。1960年には1％にも満たなかった。これは貧しすぎて貯蓄する余裕がなかったからだ。儒教の文化とは関係ない。

その後の30年で韓国の貯蓄、とりわけ家計の貯蓄は劇的に増加した。儒教文化が復活したことが理由ではない。むしろその間、農耕社会に適したイデオロギーである儒教文化は、工業化と都市化の進展に伴って、衰退し続けていた。家計の貯蓄が増えたのは、何より経済成長があまりに急速で、家計の消費の伸びが所得の伸びに追いつけなかったからだ。加えて、生産者への融資を最大限に増やすため、政府が住宅ローンや消費者ローンをきびしく制限したことも影響した。一般の人たちは家や車や冷蔵庫など、大きな買い物をするには、あらかじめお金を貯めなくてはならなかった。

1990年代末、これらの規制が撤廃されると、それからわずか数年で、1990年代初頭にはGDPの22％という水準（当時世界一）にあった家計貯蓄率が、世界で最低の水準（3～5％）にまで低下した。現在、韓国の家計貯蓄率はわずか5％（2005～14年の平均）だ。これはチリ（10・5％）やメキシコ（11・4％）といった「浪費家」といわれる南米諸国の半分にも満たない。(8)

文化が人々の価値観や行動に影響し、ひいては国の経済の運営や発展の仕方にも影響するということを否定するのは、ばかげたことだろう。しかし流布している単純なステレオタイプは疑ってかかったほうがいい。どんな文化にも、複雑かつたえず変化している多様な面がある。何より忘れてならないのは、個人の経済行動や一国の経済動向は、文化よりも政策にはるかに大きく左右されるということだ。それはどんぐりを食べる韓国でも、どんぐりはおろか、どんぐりで育った豚も食べないイスラムの国々でも変わらない。

第2章 オクラ

資本主義と自由の関係

クレオール・サコタッシュ（北米。ニューオーリンズのトレメ地区のレシピ）
オクラ、とうもろこし、豆、トマト、香辛料の効いたソーセージとえび（または、ざりがに）を使ったクレオールのシチュー

わたしが初めてオクラと出会ったのは、1986年に英国に来てから数年後、南アジア料理の店でだった。[*1] それはビンディ・バジという料理で、メニューには南アジア人以外の客にもわかるよう「レディ・フィンガーのソテー」（「レディ・フィンガー」は「オクラ」の意）と訳がつけられていた。英国に来て初めて口にした野菜はいくつかあったが、それらは本や映画でその存在は知っていた。ブロッコリー、ビート、かぶなどだ。しかしオクラなる野菜はその名すら聞いたことが

＊1　なぜ一般的な呼称である「インド」を使わないで、「南アジア」というのかについては、「スパイス」の章を参照されたし。

なかった。

まずもってこの野菜がなぜ英語でレディ・フィンガー（女性の指）と呼ばれるのかが解せなかったが、それが切り刻まれ、ぐちゃぐちゃになっているのを見ると、どうにも食欲がわいてこなかった。加えて、ねばねばした感じにもたじろいだ。

もっとふつうに食べられるビンディ・バジがあることを知ったのは、のちのことだった。それはそんなにねばねばしてもいなければ、煮すぎてもいなくて、味つけもよかった。さらに、日本のレストランでオクラの天ぷらに舌鼓を打ったときには、この野菜に対するわたしの評価がいっそう改められた。ブラジルで食べたオクラと鶏肉の煮込み料理フランゴ・コン・キアーボもおいしかった。こうしてオクラがしだいに好きになっていったが、まだ大好物とはいえなかった。

それが一変したのは、ワシントンDCの米国南部料理のレストランに行ったときだ。そこでわたしはガンボというオクラのスープないしシチューを初めて味わった。とても風味が豊かで、とろりとした食感だった。さらに、今から数年前、南部料理の本でサコタッシュ[*2]のレシピを調べ、初めて（今のところその1回きりだが）自分でオクラ料理を作ってみた。これには感動した。自分の料理の腕にではなく（そうならうれしいのだが）、オクラによって料理にもたらされるとろみにだ。初めて出会ったときにいくらか尻込みさせられたオクラのねばねばが、今や魔法のような効果を発揮し、料理をすこぶる口当たりのよいものにしていた。一口食べると、心がなごみ、幸せな気分にさせられるほどだった。

奴隷と資源が渡ってきた

オクラは植物の分類では、綿や、カカオや、ハイビスカスや、ドリアン*3といった錚々《そうそう》たるメンバーが名を連ねるアオイ科に属する。原産地はおそらく北東アフリカ（現在エチオピア、エリトリア、スーダンがある地域）のようだ。ただ、東南アジアやインドが原産であるという説も強く主張されている。(1) 定説によれば、北東アフリカで栽培化され、その後、北方（地中海）、東方（中東、南アジア、中国、日本）、西方（西アフリカ）に伝播したという。残念ながら、韓国には伝わらなかった。

アメリカ大陸には、奴隷にされたアフリカ人たちによって、西瓜《すいか》や落花生、米、ごま、ささげ、バナナ（生で食べるいわゆるバナナと、プランテンと呼ばれる調理用バナナの両方。「バナナ」参照）といっしょにもたらされた。(2) その名が動かぬ証拠だ。「オクラ」という語は、現在のナイジェリアの主要言語のひとつであるイボ語に由来する。また米国でこの野菜は一般に「ガンボ」と呼ばれている

＊2　サコタッシュ（「砕いたとうもろこし」の意）は、もとは米国北東部の先住民の料理だ。わたしが参考にしたレシピでは、ケイジャンないしクレオール料理の「聖なる三位一体」（たまねぎ、セロリ、ピーマン）と、ソーセージ（わたしは代わりにチョリソーを使った）、それにオクラをベースに使うことで、南部風のアレンジが加えられていた。

＊3　臭いことで有名な東南アジアの果物。わたしにはカスタードとブルーチーズを混ぜ合わせたような味に感じられ、ふしぎとあとを引いた。

が（同名のオクラ料理もある）、これもアフリカ中部や東南部の言葉に起源を持つ呼び名だ。

アフリカ人の大規模な奴隷化が始まったのは、ヨーロッパ人による新世界の侵略からだった。新世界の先住民をほとんど皆殺しにしたヨーロッパ人は（大量殺戮《さつりく》によってだけでなく、新しい病原菌を持ち込むことによっても）、早急に代わりの労働力を必要とした。それもできるだけ安い労働力が欲しかった。その結果、奴隷商人によって捕らえられたアフリカ人の数は1200万人以上にのぼった。そのうち少なくとも200万人は奴隷にされる過程で、つまりアフリカでの最初の捕獲や、過酷な大西洋の航海（「中間航路」と呼ばれた）や、アメリカ大陸での「訓練キャンプ」（奴隷として売られる前に、徹底的に服従の態度をたたき込まれる施設）への収容で命を落としている。

これらのアフリカ人奴隷とその子孫がいなかったら、ヨーロッパの資本主義国は金や銀、綿、砂糖、藍、ゴムといった工場や銀行や労働者を養う資源を安く手に入れられなかっただろう。とりわけ、米国はそのような奴隷の存在抜きには、現在のような経済の超大国にはなれなかっただろう。これは誇張ではない。

アフリカ人奴隷が米国でプランテーションでこき使われていたこと、その作物が綿花とタバコであったことはよく知られている。しかしあまり知られていないのは、それらの作物が米国の経済にとっていかに重要だったかということだ。19世紀を通じ、綿花とタバコの2品目だけで、少ないときでも米国の輸出額の25％、多いときでは65％を占めていた。1830年代には、綿花だけで米国の輸出額の58％を占めた。(3) このような綿花とタバコの輸出収入がなかったら、米国は英国をはじめとする当時の経済先進国であるヨーロッパ諸国から、経済の発展に必要な機械や技術を輸入できなかっただろう。またヨーロッパ諸国の側にもこの貿易には、安い綿花を大量に輸入することで、産業革命期の繊維産業を支えられるというメリットがあった。

アフリカ人奴隷は単に（ただで）労働力を提供しただけではなかった。同時に、重要な資本でもあった。じつは白状すると、わたしもそのことを知ったのは最近だ。米国の社会学者マシュー・デズモンドが奴隷の遺産を調べた『ニューヨーク・タイムズ』紙の記事に、次のように書いている。「不動産担保ローンより数百年も前に、奴隷たちは担保に使われていた。［……］植民地時代には土地の価値が低く、貸し付けは人的資産にもとづいて行われていた」(4)。さらにデズモンドによれば、それらの奴隷を担保とする個々の抵当権は、売買可能な債権としてひとまとめにされたという。ちょうど今の住宅ローンや学生ローンや自動車ローンを何千もまとめて作られるＡＢＳ（資産担保証券）と同じだ。[*4] それらの債権は英国などのヨーロッパの国々の金融業者に売られた。そのおかげで入ってきたお金によって、米国は世界じゅうに資本を投下することも、金融産業を世界的なプレーヤーへと成長させることも可能になった。奴隷がいなかったら、米国経済はもっとずっと長いあいだ前近代的な状態に留まり、金融部門も未発達のままだっただろう。

＊4　このＡＢＳが混ぜ合わされたり、切り分けられたりされたものが、２００８年の世界金融危機の引き金にもなったあの悪名高いＣＤＯ（債務担保証券）だ。ＡＢＳや、ＣＤＯや、２００８年の金融危機については、拙著『ケンブリッジ式 経済学ユーザーズガイド』の第８章で簡単な解説を加えている。

ルイジアナ買収で米国領土は拡大

アフリカ人奴隷は米国経済を築いただけではなかった。地政学的な再編を引き起こし、米国を大陸規模の国土を持つ国へと変えもした。ただしそれをしたのは米国に連れてこられた奴隷ではなかった。

1791年、サン・ドマング（現在のハイチ）の奴隷たちが砂糖プランテーションのフランス人農園主に対して反乱を起こした。反乱軍を率いたのは、元奴隷のトゥーサン・ルーヴェルチュールという軍事的な指導者としても優れた人物だった。1802年、ルーヴェルチュールはフランス軍に捕まってフランスへ移送され、1年後、檻の中で死亡した。しかし1804年、サン・ドマングの民衆はついにフランス軍を駆逐し、ルーヴェルチュールのあとを継いだ指導者ジャン＝ジャック・デサリーヌのもと、独立を宣言した。こうして誕生したハイチは、建国と同時に奴隷制を廃止し、奴隷制を認めない人類史上初の国家となった。

ハイチ革命の影響はただちに米国にも及んだ。ハイチで暴動が始まると、多くの砂糖プランテーションのフランス人農場主が、現在の米国ルイジアナ州の地に逃れてきた。当時ルイジアナはフランス領であり、砂糖の生産にも適した土地だった。農場主たちはいっしょに奴隷たちも連れてきた。この奴隷たちはサトウキビの栽培や精製のほか、農法や精製技術にも精通していて、ルイジアナの砂糖産業を別次元へ押し上げた。50年後、ルイジアナのサトウキビの生産量は世界の4分の1を占めるまでになる。(5)

しかしハイチ革命の最大の影響は――まったく意図せざるものだったが――1803年のいわゆるルイジアナ買収だ。当時フランスを統治していたナポレオンは、ハイチ革命で面目を失うと、アメリカ大陸からの撤退、とりわけ北米の領土からは手を引くことを決断した。ルイ14世[*5]にちなんでルイジアナと名づけられていたその領土の範囲は、現在の米国の国土の約3分の1にもなり、北西はモンタナ州から南東はルイジアナ州まで達していた。米国は数年前から、ニューオーリンズの港と、現在のフロリダ州の一帯を買い取ろうとフランスと交渉を重ねていたが、ナポレオンはアメリカ大陸からの撤退を決めると、米国にルイジアナ全土の「売却[*6]」を持ちかけた。

ルイジアナ買収の結果、米国の領土は一夜にしてほぼ倍に増えた。当初、新しい領土で行われたのは、主に資源の採掘だった。しかし、同世紀中に、農業を始めようとヨーロッパから移住してくる人がどんどん増えて、やがてルイジアナは米国（と世界）の食を支える一大穀倉地帯となっ

＊5　とはいえ、フランスの歴史を知らなければ、それ以前の13人のルイと区別がつかない。こんなに多くの王に同じ名をつけて平気でいられるフランスの習慣は、まったく困ったものだ。

＊6　「売却」という表現は、正確さからはほど遠い。わずかな地域を除けば、フランスは現実にはその領土を「所有」していたとはとうていいえないからだ。フランス領ルイジアナの大半は先住民の支配下にあり、ヨーロッパの国々が足を踏み入れてもいなかった。だからナポレオンが米国に売ったのは、フランスに介入されることなく米国の先住民を追い出せる権利だった。

た。肥沃で、平らな土地が果てしなく広がっていたおかげだ（「ライ麦」参照）。ただし、ヨーロッパからの移住は、先住民に言語に絶する不幸をもたらした。先住民たちは父祖の土地から追い立てられた。その多くは「保留地」に強制的に移住させられ、そこで貧困と社会的な排除に苦しむことになった。保留地にたどり着くことすらできず、途中で暴力や、貧困や、病気によって死んだ者もおおぜいいた。

ルイジアナ買収は米国が太平洋へ達するうえでの大きな足がかりになった。この西進の動きは、1846年の英国からのオレゴン準州[*7]の買収と、メキシコ戦争の終結をもって完了した。メキシコ戦争後、メキシコは米国に領土の3分の1を破格の安値で売ることを強いられた。[*8]つまりこういうことだ。ハイチの奴隷たちの反乱がなかったら、フランスは北米の領土を手放していなかった。フランスが領土を手放していなければ、米国はある程度まで領土を広げられても、今の国土の東側の3分の1に留まり、大陸規模の国土を持つ国にはなっていなかった。米国がもとの大きさの国だったら、今のような超大国になれたかどうかはわからない。

自由のない労働は続く

米国で奴隷制が正式に廃止されたのは、大陸規模の国になってからおよそ20年後だ。1863年、南北戦争の重要な局面でエイブラハム・リンカーンが奴隷の解放を宣言し、それが1865

年、北軍による南北戦争の勝利後、米国全土の法律として制定された。大英帝国では１８３３年に奴隷制は廃止されていた。しかし工場や銀行はその後も、米国の奴隷によって生産された綿や、奴隷を抵当にした債権で利益を得ていた。１８８８年には、奴隷が経済の土台になっていたもうひとつの主要国ブラジルでも、奴隷制が廃止された。

しかし、奴隷制にもとづいていた主な経済で奴隷制が廃止されても、自由のない労働はなくならなかった。19世紀から20世紀初頭まで、インド、中国、それに日本からおよそ１５０万人が年季契約移民として外国に渡り、解放された奴隷の代わりに働いた。年季契約移民は奴隷ではなかった。しかし3~10年の契約期間中は、仕事を替えることを許されず、最低限の権利しか与えられなかった。しかも、多くが奴隷と同じような条件で働かされた。かつての奴隷小屋に住まわされる者も少なくなかった。

２００万人ほどいるブラジルとペルーの日系人、カリブやラテンアメリカ諸国の中国人やインド人のコミュニティー、南アフリカやモーリシャス、フィジーに代々住んでいるインド人は、奴隷制廃止後、数十年にわたって自由のない労働を引き継いだこの大規模な国際的年季奉公の結果といえる。ようやくそのような労働に終止符が打たれたのは、１９１７年、大英帝国で年季奉公

＊7　現在のオレゴン州、ワシントン州、アイダホ州からなる。
＊8　現在のカリフォルニア州、ネバダ州、ユタ州、及びアリゾナ州、オクラホマ州、ニューメキシコ州、コロラド州、ワイオミング州の一部。

制度が廃止されたときだった。

経済の自由はほんとうに自由か？

自由市場の信奉者はしばしば自由という名のもとに資本主義を擁護してきた。米国人は「自由企業」体制を誇りにしている。自由市場派の泰斗ミルトン・フリードマンとその妻ローズ・フリードマンの最も世に知られている著作のタイトルは、『選択の自由』という。自由市場派の代表的なシンクタンクは定期的に経済自由度指数を発表している。特に有名なのは、ヘリテージ財団の「経済自由度指数」とケイトー研究所の「世界経済自由度指数」だ。

しかし自由市場派が価値を置いている自由は、とても幅の狭い自由だ。第一にそれは経済の領域における自由のことを指している。つまり企業が儲かると思ったものを作ったり、売ったりする自由であり、消費者が欲しいものを買う自由のことだ。ほかの自由（政治的な自由や社会的な自由）と経済的な自由とが衝突した場合、自由市場を信じる経済学者はためらわずに経済的な自由を優先させる。だからミルトン・フリードマンにしても、フリードリヒ・フォン・ハイエクにしても、チリのピノチェト将軍の軍事独裁を公然と支持したのだ。

ふたりにいわせると、「シカゴ・ボーイズ」[*9]が手がけたピノチェト政権の自由市場政策は、サルバドール・アジェンデによる「社会主義者の政策」から経済的自由を守るためのものだった（アジェンデはそこまで極端な社会主義者ではなかったが、それはまた別の話になる)。[*10]アジェンデは選挙で選ばれた大統領だったが、1973年の軍事クーデターで殺された。

さらに、その経済的な自由という狭い概念において、フリードマンやヘリテージ財団といった者たちが最も重視する自由とは、資産所有者(例えば、資本家や地主)が自分の資産を使って最大限に儲ける自由だ。資産所有者の経済的な自由と対立するほかの人たちの経済的な自由(ストライキのような集団行動を起こす労働者の自由や、高福祉国家で失業者に与えられる、仕事をある程度まで選り好みできる自由など)は、よくて無視され、ひどければ非生産的と非難される。さらにひどいのは、アフリカ人奴隷のように「資産」と見なされた人の自由は、その「所有者」が所有権を自由に行使できるよう、暴力や戦争という手段に訴えてでも制限されるということだ。

過去150年間で、資本主義がより人道的なものになったのは、自由市場派のあいだで金科玉条とされる資産所有者の経済的自由を制限してきたからにほかならない。社会は資産所有者の経済的自由と人々の政治的・社会的自由が衝突する場合に備え、前者から後者を守る制度を導入し

---

*9　シカゴ大学出身の自由市場派経済学者のこと。シカゴ大学は、自由市場派の経済学で知られ、ハイエク(1950~61年)とフリードマン(1946~77年)が教鞭を執った大学である。

*10　これによりチリが新自由主義(ネオリベラリズム)の「最初の患者」になる。ネオリベラリズムがこのように実施された例は、ほかには1980年代のマーガレット・サッチャー政権とロナルド・レーガン政権しかない(「コカ・コーラ」参照)。

てきた。民主的な憲法然《しか》り、人権法然り、平和的な抗議行動の法的保護然りだ。資産所有者の経済的自由は数々の法律で制限されている。例えば、奴隷や年季奉公が禁止され、労働者のストライキの権利が守られ、社会保障制度が設けられ（「ライ麦」参照）、環境を汚染する自由が制限されている（「ライム」参照）。

料理で複数の材料がひとつに組み合わされるように、このオクラの章では、資本主義下の経済的自由と、そのほかの自由と、自由の剥奪——奴隷にされたアフリカ人とその子孫たち、米国先住民、アジア人年季契約移民、奴隷や年季契約移民を使ったプランテーションのヨーロッパ人農場主、北米に移住して農業を始めたヨーロッパ人——の話が組み合わされている。そこから見えてくるのは、自由市場資本主義の信奉者によって語られる夾雑物《きょうざつぶつ》のない自由の話とは違い、資本主義と自由の関係は複雑で、対立をはらみ、ときに両立しえないものであるということだ。この関係の複雑さを理解することで初めて、資本主義をもっと人道的なものにするためには何をすればいいかもわかってくる。

第3章 ココナッツ 貧しさと生産性にまつわる根本的誤解

ピニャ・コラーダ（プエルトリコ）
ラムに、ココナッツミルクとパイナップルジュースを混ぜたカクテル

生まれて最初の35年間、わたしはココナッツに対してたいへん偏った――かなり否定的な――見方をしていた。1986年に英国に来るまで、ココナッツの実物を目にしたことがなかった。韓国はココナッツを栽培するには北に位置しすぎていたし、外国の果物のような「贅沢品」を輸入するには貧しすぎた。わたしが見たことがある唯一のココナッツは、ココナッツビスケット（舶来のご馳走として売られていた）の中に練り込まれていた、果肉を紐状に細切りにしたものだった。

ココナッツ教への改宗

ココナッツに対する見方を根底から覆されたのは、1990年代末、初めてメキシコの熱帯のビーチリゾート、カンクンで休暇を過ごし、ピニャ・コラーダなるお酒を飲んだときだった。昔からパイナップルジュースは好きだったが、それがココナッツミルクとラムと混ぜ合わされたときのおいしさには驚愕した。カンクンでの滞在の半分をわたしはピニャ・コラーダで酔っ払って過ごしたのではないかと思う。もう半分は、波打ち際やプールの縁でよちよち歩きの娘を追いかけて過ごしたのだが。

その後、ココナッツミルクを使ったおいしい料理に出会うたび、ココナッツに対するわたしの賛嘆の念は深まった。最初は、タイカレーだった。緑のものも赤のものも、両方だ。次は、ラクサという料理。これはマレーシアやシンガポールで食べられているココナッツミルク仕立てのヌードルスープだった。さらにマレーシアとインドネシアの料理であるナシレマ。米をパンダンの葉といっしょにココナッツミルクで炊いたもので、さまざまなおかず（揚げた小魚、焼いたピーナツ、ゆで卵、きゅうりの薄切りなど）とともに、サンバルというチリソースをつけて食す。

ブラジル旅行では、ムケッカ・バイアーナに夢中になった。これはブラジルの魚介のシチュー、ムケッカに唐辛子とココナッツミルクを加えたバイーア州の郷土料理だった。南インドとスリランカの料理で、ココナッツミルクを使うことで風味が豊かでありながら、北インド料理のようには味が重くなっていないという一品を食べたとき（必ずしもそれで北インド料理より南インド料理が好きになったわけではないが）、わたしのココナッツ教への改宗は完全なものになった。

ピニャ・コラーダでココナッツミルクと初めて出会ってから25年のあいだには、ほかのココナッツの食べ方も好きになっていた。甘みの中に塩味があり、とてもさっぱりした味のココナッツジュースは、わたしが大好きな飲み物のひとつだ。東南アジアや南米でサラダバーを利用するときは、必ず、パームハート（椰子の芽）を皿一杯によそう[1]（ただし、いつもココ椰子の芽が使われているとは限らない。ほかの椰子の芽のこともよくある）。サンバル（野菜スープカレー）やトーレン（野菜炒め）など、南インドの料理にときどき入っている、あのココナッツの果肉を紐状に薄切りにしたものですら、おいしさがわかるようになった（まだ好きとまではいえないが）。ただし、それをマカロンやビスケットに使うことだけは、いまだにどうかと思っている（これもしぶとい固定観念のひとつかもしれない……）。

ロビンソン・クルーソー経済

ココナッツは食べるだけのものではない。熟す前の果実は飲料水にも使える。かつては熱帯の海を長距離航行する船には、非常時の給水用として、ココナッツの未熟果が積み込まれていたという。ココナッツの油は料理によく使われている。英国のフィッシュ&チップスの店で最初に使われた植物油がココナッツ油だったことは有名だ。[*1] その店を開いたのは、19世紀半ばに英国に移り住んだユダヤ人だった（これも多くの「英国の」ものが実際には外国に起源を持つ一例だ。「にんにく」参照）。[2] ココナッツ油は石けんや化粧品の重要な原材料でもある。工場では、石油系の潤滑油が登場するまで、ココナッツ油が潤滑油として使われていた。ダイナマイトの製造に必要なグリセリンの原料としても使われた（「片口鰯」参照）。ココナッツの外皮から採られたコイアと呼ばれる繊維は、ロープやブラシ、袋、マット、マットレスの詰め物に使われている。ココナッツは燃料にもなる。外皮や殻からは炭が作られ、ココナッツ油からはフィリピンで行われているように、バイオディーゼル燃料が作られる。

ココナッツはこのように用途が広く、便利であることから、熱帯の自然の豊かな恵みの象徴とされている。少なくとも、そこに暮らしていない多くの人たちのあいだではそうだ。

英国やカナダで人気の高いココナッツ入りのチョコの名称が「バウンティ（豊かな恵み）」というのは偶然ではない（ちなみにその包み紙には、ココナッツの木と、澄みわたった青い空と、白い砂と、割られたココナッツの絵が描かれている）。バウンティは世界一有名なチョコというわけではないが、マース社から販売されているチョコの詰め合わせセット「セレブレーションズ」にも、マースや、スニッカーズや、ツイックスや、ギャラクシーや、ミルキーウェイといった名だたるチョコといっしょに入っているほどには有名だ。

熱帯といえばココナッツというぐらいその結びつきは強い。経済学の基本概念を教えるときにしばしば持ち出される「ロビンソン・クルーソー経済」は、ココナッツだけが生産され消費される、単一商品経済のことだ(3)。ただし、実際の『ロビンソン・クルーソー』*2にはココナッツの話はどこにも出てこない。

熱帯の人は怠け者？

多くの人たちにとって、ココナッツが熱帯の自然の豊かな恵みを象徴するものであるせいか、その地方に蔓延している貧困の問題を「説明」するときにもしばしばココナッツが用いられる。富裕国ではよく、貧しい国が貧しさから脱せないのは、その国の人々がまじめに働かないせいだと考えられている。また、大半の貧しい国が熱帯にあることから、その国の人々に労働倫理が欠けているのは、自然の豊かな恵みのおかげで楽に生きていけるせいだという説も、しばしば耳

＊1　「Nut Lard」というブランドが有名だった。
＊2　ロビンソン・クルーソーが島で食べた果物は、ライム、レモン、ぶどう、メロン。大麦と米を育てたり（クルーソーは難破船の中で鶏の餌の袋を見つけるのだが、空っぽだと思って、捨ててしまう。しかしじつはその中に穀類の粒が残っていて、それが自然に芽を出す）、山羊を捕まえたり、魚釣りをしたりもしている。しかしココナッツを食べた話は一度も出てこない。

にする。そのような説によれば、熱帯では食べ物――バナナ、ココナッツ、マンゴーなど、いかにも熱帯の果物の数々――があちこちで育つ一方、気温も高いので、頑丈な建物や立派な服も要らない。したがって、熱帯の国々の人々は生きるために汗を流して働く必要がなく、その結果として、あまり勤勉にはならないのだという。

このような説が語られるときには、(侮蔑的な主張なので、ふつうは私的な場でしか口にされないが)しばしばココナッツが使われる。すなわち、この「熱帯地方には労働倫理がない」説によれば、熱帯の国々が貧しいのは、人々がココナッツの木の下で寝そべって、その実が落ちてくるのを待つばかりで、自分で何かを育てようとか、作ろうとかしないからだというのだ。

もっともらしい説だが、これは完全な誤りだ。

第一に、熱帯の国々には、ココナッツの木の下で寝そべるような愚かな人はめったにいない。たとえ、ただでココナッツを手に入れたくてもだ。そんなことをしたら、落ちてきたココナッツに頭蓋骨を砕かれる危険がある(実際、落下したココナッツに当たって死ぬ人はいる。都市伝説では鮫に殺されるより、ココナッツに殺される人のほうが多いといわれているほどだ。もちろんそれはほんとうではないが)。だから、「怠け者の原住民」が仮にいたとしても、木の下では寝ない。別の場所で待ち、ときどきココナッツが落ちていないかどうか、木の下に確かめに行くというのがふつうだろう。

それは冗談としても、熱帯に多くある貧しい国々の人たちには労働倫理がないというのは、まったくの作り話だ。実際、貧しい国の人たちは富裕国の人々よりよっぽど働いている。

まず、労働年齢人口を比べてみても、貧しい国のほうがはるかに多い。世界銀行のデータによれば、2019年の各国の労働参加率[*3]は、タンザニアが87%、ベトナムが77%、ジャマイカが67%であるのに対し、ワーカホリックの国と考えられているドイツは60%、米国は61%、韓国は63%だった(4)。

貧しい国では、学校へ行かずに働いている児童の割合もきわめて高い。UNICEF(国際連合児童基金)の調査によると、2010~18年の期間、後発開発途上国(LDC)[*4]では5歳から17歳までの子どもの平均29%が働いていたと推測されるという(この数字には家事や、幼い弟や妹の世話や、新聞配達などの「お手伝い」をしている子どもの数は含まれていない)。エチオピアでは子どもの半数近く(49%)が働き、ブルキナファソ、ベナン、チャド、カメルーン、シエラレオネでは児童労働率(児童労働者の割合)が40%にのぼった(5)。

そのうえ、富裕国では、18~24歳(人生でいちばん体力がある時期だ)の若者の大多数が高等教育(専門学校、大学、大学院など)を受けている。高等教育を受けている若者の割合は、一部の富裕国では90%にも達する(米国、韓国、フィンランドなど)。一方、貧しいおよそ40の国々ではその数字

---

*3 労働参加率とは、有給で雇われている人と、現在は仕事に就いていないが、職を探し、仕事に就こうとしている人の数を足した数字を、生産年齢人口で割った値だ。

*4 厳密な定義はもっと複雑だが、大ざっぱにいえば、ひとり当たりの国民総所得が1000ドル以下の最も開発が遅れている国のことを指す。

は10％にも満たない。これはつまり、富裕国では、若者が成人してからもしばらくは働かず、その多くが経済的な生産性の向上に直接は役立たない勉強をしているということだ。ただし、これにはほかの面では、例えば、文学や、哲学や、人類学や、歴史などの面ではとても大きな意義があると、わたしは思っている。

貧しい国では、富裕国に比べ、定年の年齢（国によって違うが、60歳から67歳）まで生きられる人の割合は低い。しかし元気であれば、富裕国の人よりもはるかに高齢まで働き続けることが多い。退職できるだけの経済的な余裕がない人が多いからだ。かなりの割合の人が肉体的に働けなくなるまで、自営の農家や商店主として、あるいは無報酬の家事や介護の担い手として、働き続けている。

さらに、貧しい国では富裕国に比べ、労働時間もはるかに長い。カンボジア、バングラデシュ、南アフリカ、インドネシアといった貧しく、暑い国の人々の労働時間は、ドイツ人、デンマーク人、フランス人と比べて60〜80％、米国人や日本人と比べても25〜40％長い（かつては「働き蟻」といわれた日本人だが、最近は米国人より労働時間は短い）[6]。

生産性の低さはどこから来るのか

貧しい国の人のほうが富裕国の人よりも実際にはよっぽど働き者であるのなら、その貧しさは勤勉かどうかの問題ではない。これは生産性の問題だ。貧しい国の人々は富裕国の人よりも、はるかに長い時間、人生のはるかに長い期間にわたって働いている。ところが生産性が低いせいで、生産しているものははるかに少ない。

といっても、この生産性の低さは、教育レベルや健康状態といった個々の労働者の質に主な原因があるわけでもない。一部の「ハイエンド」の仕事ではそういうことも関係するだろう。しかしほとんどの仕事においては、貧しい国の労働者と富裕国の労働者のあいだに、個々の働き手としての生産性に差はない(7)。そのことは、貧しい国の人が富裕国に移り住んで働き始めると、特に新しい技術を習得したわけでも、健康状態が劇的に改善したわけでもないのに、たちまちその生産性が大幅に高まるという事実にも示されている。

移民たちの生産性が急激に高まるのは、突然、優れた生産設備（工場、オフィス、店、農場など）で、優れたテクノロジーを使って働けるようになり、質の高いインフラ（電気、輸送、インターネットなど）と、有効に機能している社会の仕組み（経済政策、法制度など）の助けを借りられるようになるからだ。それまで栄養不良の驢馬《ろば》に乗って苦労していた騎手が突然、サラブレッドの競走馬に乗り始めたようなものだ。騎手の能力ももちろん大事だが、レースの勝敗を大きく左右するのは、騎手が乗っている馬（または驢馬）だ。

では、なぜ、貧しい国は低い生産性を招くような遅れたテクノロジーや、非効率な社会の仕組みに甘んじているのか。この問題を公平に論じるためには、この短い章ではとうてい扱いきれないほど数多くの要因を検討しなくてはならない。価値の低い一次産品ばかりを生産するよう宗主国から強いられた植民地支配の歴史もあるし（「片口鰯」参照）、政治的な深い分断やエリート層の資質の欠如（非生産的な地主、不活発な資本家階級、ビジョンを欠き、汚職にまみれた政治指導者）もある。富裕国に有利な国際経済体制の不公平さもある（「牛肉」参照）。これらは数ある要因の中の最も重要なものにすぎず、ほかにもまだまだある。

しかしはっきりしているのは、貧しい国の人々が貧しいのは、個人の力ではどうしようもない歴史的、政治的、技術的な理由による部分が大きく、それらの人々の何らかの欠点のせいではないということ、ましてやまじめに働こうとする意志がないせいなんかでは、けっしてないということだ。

ココナッツの話に示されているような、貧しい国々の貧しさの原因についての根本的な誤解は、富裕国でも貧しい国でも、グローバルエリート層が貧しい国々の人々の貧しさを個人のせいにするのを助けている。ココナッツの話が正しく修正されれば、一般の人たちがそれらのエリート層に対して、過去の不正義と賠償の問題や、国際関係の力の不均衡や、国内の経済・政治改革について、きびしい問いを突きつけるきっかけになるだろう。

第2部

生産性を高める

第4章

片口鰯

高い技術力こそ最強の武器である

アンチョビーとエッグトースト（筆者のオリジナル）
トーストにマヨネーズを塗って、スクランブルエッグとアンチョビーを載せ、粉末の唐辛子をまぶした料理

片口鰯《かたくちいわし》はたいへんポピュラーな小魚だ。韓国では、痩せっぽちの子どもは「干からびた片口鰯」などとからかわれる。しかしじつは、片口鰯は食文化への影響という点では、「世界最大」の魚だ。韓国人、日本人、マレーシア人、ベトナム人、タイ人、インド人、フランス人、スペイン人、イタリア人が、片口鰯ほど大量に、しかもさまざまな料理で食べている魚はほかにない。

いたるところに片口鰯

アジアと地中海以外では、たいていの人が見たことがあるのは、おそらくピザにトッピングさ

れた片口鰯だろう。ピザのトッピングの片口鰯は、切り身を塩漬けにして、熟成させ、さらに油に漬けて保存したもの、いわゆるアンチョビーだ。南イタリアでは、この地中海式のアンチョビーがパスタのソースに使われる。北イタリアのピエモンテでは、アンチョビーを「バーニャ・カウダ」と呼ばれるガーリックディップにして、生野菜や温野菜といっしょに食べる。フランスのプロヴァンス地方では、ケイパーとブラックオリーブを加えて、アンチョビーをすりつぶし、「タプナード」と呼ばれるペーストを作る。タプナードはサラダの味つけに使われたり、トーストに塗られたりする。スペインでは、片口鰯のマリネ、「ボケロネス・エン・ビナグレ」が居酒屋の定番メニューだ。こう書いているだけで、よだれが出てくる。

アジアに目を転じよう。こちらの片口鰯料理はさらに多彩だ。マレーシアとインドネシアでは、片口鰯は「イカン・ビリス」の名で知られ、干したものを揚げて食べる。このイカン・ビリスは「ココナッツ」の章で紹介した、ココナッツミルクとパンダンの葉で米を炊いたナシレマのおかずにもされる。韓国人もしょっちゅう片口鰯の干物を食べている。酒のつまみ（アンジュ）としても食べ、その際は、そのまま食べたり、唐辛子味噌（コチュジャン）をつけて食べたりする。片口鰯の干物を揚げることもある。これはふつう砂糖醤油で味がつけられていて、ご飯のおかず（バンチャン）として食べる。それぞれの好みに合わせて、各種の木の実で風味をつけたり、青唐辛子で辛くしたりすることもある。韓国と日本の出汁には片口鰯や昆布の干物がよく使われる（昆布は韓国では、ダシマというが、韓国以外の国々では日本語名の「コンブ」の名で知られている）。さらに韓国の出汁には、そこににんにくも加えられる。日本と韓国では、片口鰯は生、つまり刺身でも食べることもあるが、これはあまり一般的ではない。*1

さまざまな使われ方をしている片口鰯だが、数多くの料理文化の中で片口鰯が果たしている最も重要な役割といえば、やはり魚醤の原料としての役割だ。古代ローマ人は食べ物にリカメンやガルム（リカメンとガルムが同じものの別称であるかどうかを巡る議論もあるが、ここではそういうことに立ち入る必要はないだろう）と呼ばれる、片口鰯の魚醤をたっぷりかけて、料理に「うま味」を加えていたといわれる（うま味は風味に富んだ味で、現在では、甘味、塩味、苦味、酸味とともに5つの基本味のひとつに数えられている）。ベトナムのヌックマムとタイのナンプラーの原料として最もよく使われている魚も片口鰯だ。タイ料理も、ベトナム料理も、それらの魚醤なしには考えられない。韓国でも、魚醤といえば片口鰯（ミョルチ）の魚醤（ミョルチジョ）が主流だ。いい片口鰯を使うことが、おいしいキムチを作る第一の条件になる。

妙なことをいうようだが、わたしは世界一の片口鰯好きという称号は米国人に与えるべきだと考えている。何しろ、米国人はそれを飲んでいるのだから（ほかの国に魚醤を飲む人などいるだろうか。考えただけでもおえっとなる）。米国を代表するカクテル、ブラディ・メアリー（その名は英国王ヘンリー8世の娘で、エリザベス1世の異母姉であるメアリー1世にちなむといわれる）には必ず、ウスターソース*2の中に隠れて、片口鰯の魚醤が入っている。英国人の大好きなグリルドチーズサンドイッチ（「スパイス」参照）にもウスターソースはかかっており、英国人もそれにかぶりつくとき、知らないうちに片口鰯の魚醤を口にしている。

海鳥のグアノ

片口鰯は豊かな風味だけでなく、豊かな富をもたらしたこともあった。19世紀半ば、ペルーの経済的な繁栄を支えたのは、片口鰯だった。といっても片口鰯の輸出で儲けたわけではない。[*3] 当時のペルーの好景気は、海鳥のグアノ（堆積した鳥の糞）によるものだった。硝酸塩とリン酸を豊富に含みながら、匂いがきつくないグアノは、肥料として重宝された。またチリ硝石（硝酸ナトリウム）も含んでいたので、火薬の製造にも使われた。[*4]
ペルーのグアノは、太平洋岸沖の島に生息する鵜《う》や鰹鳥《かつおどり》などの鳥の糞でできていた。魚を主食

＊1　これは腐りやすさのせいだ。片口鰯はとても足が早いので、取れたてでないと刺身では食べられない。
＊2　英国の企業リーペリン（現在は米クラフト・ハインツ社傘下）によって1837年に初めて商品化されたウスターソースは、ビネガー、糖蜜、タマリンド、香辛料、砂糖、塩、アンチョビーを原材料としていた。原材料の割合は、当然ながら企業秘密とされている。
＊3　最近は、養殖の鮭の餌に使われる魚粉に加工して、実際に片口鰯をチリなどに輸出している。このことはアンディ・ロビンソンに教えてもらった。
＊4　ココナッツからは火薬のもうひとつの重要な原料であるグリセリンが採れる。「ココナッツ」参照。

にするそれらの鳥がよく食べていたのが、南米大陸の西岸沿いを、チリ南部からペルー北部へと北上する栄養豊富なフンボルト海流に乗って移動する片口鰯だった。その海流名の由来になった、プロイセンの科学者で探検家のアレクサンダー・フォン・フンボルトは、１８０２年、エクアドルで最も高い山、チンボラソ火山（標高６３１０メートル）を標高５８７８メートルの地点まで登って、到達点の高さで当時の世界記録を樹立した人物として知られる。じつはこのフンボルトは、ヨーロッパにペルーのグアノを最初に広めた人物でもあった。ヨーロッパでグアノが広まると、経済史学者のあいだで「グアノ時代（１８４０〜80年代）」と呼ばれるほど、グアノはペルーで重要な産品になった。

グアノが重要だった国はペルーだけではない。１８５６年、米国の連邦議会でグアノ島法が可決された。これは米国市民に世界のどこでも、すでに誰かに占有されるか、他国の管理下に置かれるかしていない限り、グアノがある島を所有することを許可する法律だった。この法律により、ペルーとのグアノ貿易を独占する英国に対抗して、米国が太平洋とカリブ海で１００以上の島を占有することが正当化された。英国やフランスなど、ほかの国々も、次々とグアノがある島を自分たちのものにした。

ペルーのグアノ景気は長くは続かなかった。30年ほどすると、乱獲が原因で、ペルーのグアノの輸出量は減り始めた。しばらくは、１８７０年代にチリ硝石の鉱床が発見されたおかげで、その影響は覆い隠されていた。チリ硝石は肥料や火薬のほか、食肉の保存料にも使える硝酸塩を豊富に含んだ鉱物だ。しかしペルーの好景気は硝石戦争とも呼ばれる太平洋戦争（1879〜84年）で終焉を迎えた。この戦争では、チリがボリビアの沿岸部の全域（これによりボリビアは陸地に閉じ込められた国になった）とペルー南部の沿岸部のおよそ半分を占領した。それらの地域はチリ硝石とグアノに富んでいて、チリをいっきに豊かにした。

しかしその豊かさも長続きはしなかった。1909年、ドイツ人科学者フリッツ・ハーバーが高圧の電気を使って空気中から窒素を取り出し、アンモニアを合成する方法と、さらにそのアンモニアから人工肥料を作る方法を発明した。これはさながら無から肥料を作り出すような方法だった。ハーバーはこの功績により、1918年、ノーベル化学賞を受賞した。しかし、第一次世界大戦で使われた毒ガスを開発したのもハーバーだった。そのせいで悪名も馳《は》せており、彼がノーベル賞の受賞者であるという事実には触れないようにしている国もある。

ハーバーの発明は同じドイツの科学者であるカール・ボッシュの手で商業化された。ボッシュは、ハーバーの技術を買い取った化学企業BASF（正式名はバーディシェ・アニリン・ウント・ソーダ・ファブリーク。直訳すれば「バーデンのアニリン[*5]とソーダの工場」）の社員だった。現在、この技術はハーバー＝ボッシュ法と呼ばれている。このハーバー＝ボッシュ法により、人工肥料の大量生

＊5　アニリンは薄紫色、藍色、黄色など、多くの合成染料の原料に使われている。またさまざまな薬品の製造にも用いられる。

産が可能になったことで、グアノは肥料の王様の地位から陥落した。もっと重要な硝酸塩源であるチリ硝石も、価値を失った。チリの天然由来の硝酸塩の生産量（グアノとチリ硝石）は、1925年に250万トンだったものが、1934年にはわずか80万トンにまで急減した。[1]

一次産品と代替品

19世紀にはほかにも技術革新によって退場を余儀なくされた一次産品（農業や鉱業の生産物）の輸出品目がいくつかあった。英国とドイツで発明された人造染料は、世界じゅうで天然染料の生産者に大打撃を与えた。グアテマラの富はアリザリンなどの合成の赤色染料の登場で、いっきに消え去った。当時、グアテマラの経済は深紅色の色素であるコチニールの輸出に大きく依存していた。コチニールはカトリックの枢機卿のローブの染色にも使われる貴重な染料で、その色素はコチニールカイガラムシという昆虫から抽出されたものだった（ここで食にまつわる豆知識をもうひとつ。ネグローニという有名なカクテルに使われるイタリアのお酒カンパリの色は、かつてはこの染料でつけられていた）。

1868年、コールタールからアリザリンを合成する技術を開発したBASF（のちに空気から合成肥料を大量生産するようにもなる）は、最も価値のある赤色の染料を、地球上で最も黒いものである石炭を使って作り始めた。BASFはさらに1897年、同じく重要な染料である藍色の合成染料を大量生産する技術を開発し、インドの藍産業を破壊して、多くのインドの人々の生計を成り立たなくさせた。同時に、藍プランテーションの英国人やヨーロッパ人の農場主も数多く倒産に追い込まれた。

その後、1970年代になると、当時世界のゴムの生産量の半分を占めていたマレーシア経済が、さまざまな種類の合成ゴムとの競争の激化に苦しみ始めた。それらの合成ゴムは20世紀前半に、ドイツや、ロシアや、米国の研究者によって開発されたものだった。マレーシアはやがて椰子油などほかの一次産品や、電子機器を生産するようになるが、合成ゴムによって最初に被った痛手のせいで経済はなかなか回復しなかった。

一次産品の生産者を脅かすのは、合成の代替品の発明だけではない。効率で優る生産者が急に登場するという危険もある。一次産品は比較的容易に生産できるからだ。1880年代まで、ブラジルはゴム市場を独占していた。ブラジルのゴムの生産地はたいへん豊かになり、当時ゴム経済の中心地だったマナウスには豪華なオペラ劇場（アマゾナス劇場）が建設されたほどだった。1897年には、オペラ界の寵児《ちょうじ》エンリコ・カルーソーがはるばるイタリアからやって来て、コンサートを開きもした。

しかし、英国がブラジルから工場を引き払って、マレーシア（当時はマラヤといった）やスリランカなど、熱帯にある自国の植民地でゴム栽培のプランテーションを立ち上げたことで、ブラジル経済は大打撃を受けた。1980年代半ばまで、ベトナムはコーヒーをほとんど輸出していなかったが、あるときから急激にその輸出量を増やした。2000年代初頭以降は、ブラジルに次ぐ世界第2位のコーヒーの輸出国になり、ほかのコーヒーの生産国に深刻な影響を及ぼしている。[*6]

つまり、一次産品の主要生産国という地位は、それが（いくらか語弊のある表現だが）簡単に生産できてしまうものであるがゆえに、たやすく他国に奪われうるということだ。しかし、ベトナムがブラジルやコロンビアなどのコーヒーの生産国に対してしたことと、ドイツの化学産業がペルーや、チリや、グアテマラや、インドをはじめ、一次産品に依存していた数多くの国々に対してしたこととでは、じつは雲泥の差がある。天然物の代替品を合成できる技術を開発できれば、既存の市場（例えば、グアノの市場）を破壊し、新しい市場（化学肥料の市場）を創造できるからだ。

高い技術力は資源の有無を克服する？

もっと一般化していうなら、高い技術力があれば、自然の制約に縛られなくなるということだ。ドイツ人はグアノの堆積地も、コチニールカイガラムシも、藍の産地も持たなかったが、化学的にそれらの代替物を作り出すことでその問題を解決した。

オランダは国土のとても狭い国（都市国家や島国を除くと、世界一人口密度が高い国）だが、現在、米国に次いで世界第2位の農産物の輸出国になっている。これは技術力で「農地」を増やしたおかげだ。オランダ人は温室農業によって農地を事実上拡大させるとともに、寒冷な気候でありながら多毛作を実現した。さらに、水耕栽培という方法でも農地を拡大させた。水耕栽培とは、栽培ベッドと呼ばれる苗床の棚で作物を栽培する農法だ。これにより温室内の限られたスペースでも、垂直方向に栽培作物を何層にも積み重ねることが可能になった。加えて、高品質の化成肥料をコンピュータ制御で最適のタイミングで与えることで、拡大した農地の生産性をいっそう高めた。

もうひとつ別の例も紹介しよう。日本は天然資源の乏しさを世界屈指の省エネ技術で克服した。1970年代にオイルショックが発生したとき、ほかの技術力の低い国々は打撃を受けながらも、石油の消費量を減らすという対処しかできなかった。片や高い技術力を持っていた日本は、石油

＊6　これらの例から明らかなのは、途上国で生産されている「天然」の資源は、天然にあった資源ではないということだ。ゴムはブラジルの原産だが、現在の三大生産国はタイ、インドネシア、マレーシアだ。ブラジルはトップテンにも入っていない。コーヒーは主に南米とアジアで生産されているが、最初に大規模な栽培が行われたのは、アラビア半島のイエメンにおいてだった。チョコレートは南米（エクアドル、ペルー）が起源の食べ物だが、現在、カカオの生産国トップ5は、アフリカとアジアの国（コートジボワール、ガーナ、インドネシア、ナイジェリア、カメルーン）で占められている。同様に、茶はもとはもっぱら中国だけで生産されていたが、今では、インド、ケニア、スリランカも主要な茶の生産国だ。これらの品目には、わたしたちの多くが「天然」の恵みと考えているものがじつは植民地主義の産物であることが示されている。宗主国が商業的な利益の見込める作物の栽培地を世界のもとの場所から自国の植民地へと移して、それをたいていは奴隷を使ったプランテーションで育てていたのだ。

の使用効率を高めると同時に、原子力産業を発展させることで、危機を乗り切った。

歴史からいえるのは、持続可能な高い生活水準の実現のためには、産業化が不可欠であるということだ。つまり、イノベーションと技術力の主な源泉である製造部門の発展なくして、そのようなことは成し遂げられない（「チョコレート」参照）。

産業化を通じて、生産の能力を高めることで、自然によって課された制約を「奇跡的」な方法で乗り越えられる。真っ黒な石炭から真っ赤な染料を作り上げることも、何もない空中から肥料を生み出すことも、他国を侵略せずに土地を何倍にも広げることもできる。しかも、そのような能力を獲得したときには、高い生活水準を長く維持することも可能になる。なぜなら、天然の資源と違って能力は「枯渇」しないからだ。チリ硝石のように再生不可能な鉱物資源にしろ、片口鰯を食べている鳥由来のペルーのグアノのように、結局は乱獲して、使い果たしてしまう再生可能な資源にしろ、天然の資源には限りがあるが、能力に限りはない。

第5章　えび

幼稚産業保護政策を使いこなせ

ガンバス・アル・アヒージョ（スペイン）
えびとにんにくを油で煮込んだ料理

わたしはずっと、プローン（prawn）も、シュリンプ（shrimp）も、いい方が違うだけでどちらも同じえびを指す言葉とばかり思い込んでいた。英国やオーストラリアで前者の呼び名が好まれ、カナダや米国で後者の呼び名が好まれるだけの違いだ、と。それがなんと両者は別々の種であり、体節とえらが異なるということを最近になって知った。プローンは3対の脚にはさみがついているのに対し、シュリンプは2対の脚にしかはさみがついていないという。

えびの養殖とマングローブの消滅

違いはまだあるが、本書は料理の本ではあるとしても生物学の本ではないので、この話はそれぐらいにしておこう。大事なのは、甲殻類がおいしいということだ。地中海式に油とにんにくで煮込んだもの（スペインのガンバス・アル・アヒージョ）も、バーベキューで丸焼きにしたものも（北米）、中華ソースで炒めたものも、南アジアの料理のように上品なスパイスで味つけしたものもおいしい。日本人はえびに厚い衣をつけて揚げ、天ぷらにしたり、それをにぎり寿司に載せたりする。生で食べることもある。生で食べるものは「甘えび」と呼ばれ、その名のとおりほんとうに甘い。

韓国では、えびで塩辛（セウジョ）も作る（韓国語でセウは「えび」、ジョは「魚醤」という意味。前に紹介した片口鰯の魚醤ミョルチジョのジョと同じだ）。朝鮮半島の北部（北朝鮮と同じではない）では、キムチの発酵を促進するとともに風味を深める食材としては、ミョルチジョよりセウジョが好まれる。しかし北部でも南部でも、ポッサム――茹で豚を大根のナムル（ムーナムル）とキムチ、それにサムジャンという調味料（にんにく、ごま油、蜂蜜を混ぜた韓国味噌）といっしょに白菜（ペチュ）で包んだ小皿料理――を食べるときに使うたれは、セウジョだ。

えびは食材として世界じゅうで愛されている。不幸にもそのせいで、マングローブ林が広範囲にわたって破壊されている。えびの養殖場を建設するためだ。特にタイ、ベトナム、中国で被害がひどい。2012年のロイターの報告によると、1980年以来、主にそのような養殖場の建設が原因で、世界のマングローブ林の5分の1が破壊されたという[1]。マングローブ林が環境に大きな恩恵をもたらしていることを踏まえるなら、これはきわめて由々しい事態だ。マングローブ林は洪水や嵐から環境を守り、幼魚（野生のえびも含め）に安全な生育の場所を与え、近くに生息する生き物たちに豊かな餌場（水中でも、樹上でも）を提供している[2]。

えびと昆虫の差はなにか

この問題について考えるとき、興味深く感じられるのは、えびの人気がこれほど高いことだ。近年、肉より環境負荷の少ない蛋白質源として、昆虫を食べようという声が高まっている。昆虫の養殖は温室効果ガスをほぼまったく出さないうえ、生体重1キロ当たりわずか1・7キロの餌しか必要としない。最も環境負荷が大きい肉牛の飼育では、温室効果ガスの排出量は生体重1キロ当たり2・9キロ、餌は10キロにものぼる（「牛肉」と「ライム」参照）[3]。また蛋白質1グラム当たりの必要な水と土地も、昆虫のほうが家畜よりはるかに少ない[4]。ところが、菜食主義の急速な広がりに比べ、昆虫の需要はいまだにぱっとしない。昆虫食の普及の妨げになっているのは「気味の悪さ」だ。とりわけ欧米ではその傾向が強い。昆虫を食べると思うだけでぞっとするという

人がたくさんいる。(5)

しかし、おもしろいことに、昆虫食に嫌悪感を催す人も、えびは小えびであれ、ロブスターやざりがにであれ、喜んで食べている。この好き嫌いはなんとも奇妙だ。少なくともわたしにはそう思える。甲殻類と昆虫はどちらも節足動物、つまり触角と、外骨格と、体節と、何対もの脚を持つ（みなさんもわたしも苦手としている）生き物だ。ならばどうして前者は食べて、後者は食べないのか。

ひょっとして昆虫の名前を変えれば、食べられるようになるのではあるまいか。コオロギは「ブッシュ・プローン（低木の茂みのえび）」、いなごは「フィールド・ロングースティーン（野のえび）」またはフランス語を使って「ロングースティーン・デ・シャン（野のえび）」とでも呼んだら、もっと人気が出ないだろうか。

廃棄物も食す

昆虫を好んで食べる人々もいる。中国人、タイ人、メキシコ人はエントモファジー、すなわち昆虫食で有名だ（エントモファジーは「昆虫食」を意味する仰々しい学術用語）。わたしたち韓国人も、数十年前までは食べていた。いなご（メキシコのチャプリネスによく似ている）の炒め物もかなりポピュラーだったが、一番人気は断トツでポンテギだった。

ポンテギとは、蚕（学術名ボンビクス・モリ）のさなぎを茹でた食べ物で、ロバート・ガルブレイス（J・K・ローリングの別名）のスリラー『カイコの紡ぐ嘘』で有名になった。わたしが子どもだった1970年代には、通学路にポンテギの屋台が立ち並んでいて、子どもたちは学校の帰りに、新聞紙を丸めて円錐形にしたものに入れられたポンテギをよく買い食いしたものだ。露天商たちは子どもの小遣いの争奪戦を繰り広げ、子どもの気を引きそうなあらゆるものを売っていた。棒つきのキャンディあり、綿飴あり、韓国カルメ焼き（ポッキ。ドラマ『イカゲーム』で一躍世界に知られるようになった）あり、おもちゃあり、果ては養鶏場で不要とされたオスのひよこまであった。わたしもそんなひよこを一度買ったのだが、すぐに死んでしまい、子どもながらに胸が痛んだ。たいていのひよこは長くは生きなかった。

1970年代の韓国の子どもたちのあいだで、蚕のさなぎは人気のスナック菓子だった。おいしいうえに（わたし自身はそこまで好きではなかったが）、値段も安かったからだ。蛋白質と鉄分も豊富な食べ物だった。それでも学校は衛生上の懸念から、屋台で蚕のさなぎを買ってはいけないと子どもたちにいっていた。ポンテギが安かったのは、蚕のさなぎが絹産業という大産業の「廃棄物」だったからだ。絹は当時、韓国の主要な輸出品目だった。したがって絹産業からは、繭の生糸を取り終わって要らなくなった蚕が大量に出ることになった。

蚕から生糸を作ることは紀元前2500年頃、中国で始まった。それから2000年以上、中国が製糸を独占していた。製糸はその後、韓国、インド、ビザンツ帝国へと順々に広まった。製糸業にかなり遅れて参入した西欧では、イタリアが最も重要な絹の生産国になった。年配の読者の中には、ベルナルド・ベルトルッチ監督の映画『1900年』の蚕小屋の場面を覚えているかたもおられるだろう。ロンバルディアを舞台に繰り広げられる階級闘争と、ファシズムと共産主義の台頭を描いた映画だ。

その場面では、蚕小屋の中で語り合っているオルモ少年（小作農の息子で、その青年期以降を演じたのはジェラール・ドパルデュー）とアルフレード少年（地主の息子で、その青年期以降を演じたのはロバート・デ・ニーロ）の背後で、ひっきりなしに蚕が棚で桑の葉をむしゃむしゃと食べる音がしている。蚕が集団で葉を食べるその音は驚くほど大きく、屋根を叩く豪雨のようにすら聞こえる。

幼稚産業保護論

しかし近代で最大の絹の生産国といえば、日本だった（日本人も蚕のさなぎを食べていたようだ）。日本には7世紀に朝鮮半島から養蚕業が伝来して以来、絹織物の長い伝統があった。ただし、製糸産業が本格化したのは戦後間もない時期だ。1950年代、日本は世界最大の絹（生糸、絹織物ともに）の輸出国であり、絹が日本の最大の輸出品目だった。

日本はその地位に満足していなかった。鉄鋼、造船、自動車、化学、電子機器など、「先進」の産業でも欧米に追いつきたかった。しかし技術が遅れており、それらの分野ではとうてい太刀打ちできそうになかった。そこで日本政府は外国製品に高い関税を課すとともに、それらの分野では外国企業が日本国内に進出するのを禁じて、自国のメーカーを守った。同時に、きびしい規制下にある銀行に対し、それらの産業に優先的に融資を行うよう促し、もっと儲かる不動産ローンや消費者金融といった事業を手がけたり、(それらほどは儲からないが)絹産業のように既存の安定した産業に融資したりするのは後回しにさせた。

このような政策には国外ばかりか、国内からも多くの批判が浴びせられた。単純に鉄鋼や自動車などは輸入し、絹織物をはじめとする繊維製品など、日本が得意とする分野の生産に注力するほうが国益にかなうのではないかと、評論家たちは指摘した。効率の悪い国内の生産者を守ったりしたら、例えば、外国車に高い関税をかけて、乗用車メーカー(トヨタや日産など)を守ったりしたら、日本の消費者は世界の市場より割高な値段を払って外国の性能のいい車を買うか、性能もデザインも劣る国産車を買わなくてはいけなくなるというのが評論家たちの意見だった。また、自動車の製造のような効率の悪い産業に、銀行の融資を政府の指示で無理やり振り向けたら、絹のような高効率の産業、つまり同じ資本からはるかに多くのものを生産できる産業から資金を奪うことになるともいわれた。

この主張はどこも間違っていない。もし、一国の生産者としての能力が所与のものならば、だ。しかし長期的には、国の生産能力は変わりうるし、今得意でないことが得意にもなりうる。もちろんそういうことはひとりでには起こらない。機械の増強や、労働者の技能向上や、技術研究への投資が欠かせない。しかしそれは起こりうる。日本では自動車や、鉄鋼や、電子機器をはじめ、数々の分野でそれが起こった。1950年代の日本は逆立ちしてもそれらの分野では世界の市場で勝てなかった。ところが1980年代には、数多くの分野で世界的なリーダーになっていた。国の生産能力が著しく変わるまでには最低でも20年かかる。これはつまり、自由貿易にさらされていたらそのような変化は起こりえないということだ。自由貿易下では、新しい産業の未熟で効率の悪い生産者は、規模でも能力でも優る外国の企業にたちまち駆逐されてしまう。

経済的に遅れた国において、将来、有力な生産者になることを期待して、未熟な生産者を守ることは、経済学の用語では「幼稚産業保護論」といわれる。その呼び名に示されているとおり、そこには経済の成長を子どもの成長と似たものと捉える考え方がある。子どもは成長し、労働市場でおとなと対等に競えるようになるまで、保護下で育てられる。幼稚産業保護論では、経済的に遅れた国の政府もそれと同じように、若い産業が生産者として成長し、世界の市場で外国企業と伍《ご》して競えるようになるまでは、自国の産業を守り育てるべきだと説かれる。

保護貿易も使いよう

幼稚産業保護論は日本生まれではない。その誕生地はじつは米国だ。それもほかでもない、初代財務長官アレクサンダー・ハミルトンによって最初に提唱された。10ドル紙幣に肖像画が印刷されているあの人物だ。最近も、リン＝マニュエル・ミランダのミュージカル『ハミルトン』で取り上げられ、思わぬ形で脚光を浴びている。ハミルトンが主張したのは、米国政府は自国の「幼児期にある産業」（本人の言葉）を、英国をはじめとするヨーロッパ列強の強大な産業との競争から守るべきであり、さもなければ米国の産業化はままならないということだった。

皮肉にも、ハミルトンがお手本にしたのは、18世紀の英国の保護貿易主義、とりわけ英国が産業覇権を握り始めた時期のロバート・ウォルポール政権下の保護貿易政策だった。ハミルトンは中央集権と経済への介入を志向する「ウォルポール主義者」だという批判を、自由市場を支持する反対陣営からたびたび受けた。反対陣営の代表格は、米国の初代国務長官で第3代大統領のトーマス・ジェファーソンだった（「オクラ」の章で触れたルイジアナ買収はジェファーソン政権での出来事だ(6)）。

一般には自由貿易の発祥の地のようなイメージがあるが、英国と米国はどちらも経済発展の初期には世界一の保護主義の国だった。両国が自由貿易に切り替えたのは、あくまで自国の産業が強くなってからのことだ（「牛肉」参照）。同じことはほかのほとんどの富裕国についてもいえる。オランダと（第一次世界大戦前の）スイスを除くと、今の富裕国はすべて――19世紀後半のベルギー、スウェーデン、ドイツから、20世紀後半のフランス、フィンランド、日本、韓国、台湾まで――産業化と経済発展の促進のため、かなりの長期にわたって、幼稚産業保護の政策を続けた。

とはいっても、幼稚産業保護が経済的な成功を保証するわけではない。子どもと同じで、幼稚産業も育て方を間違えれば、「おとな」になりそこねる。1960年代と70年代には多くの途上国で過剰な保護によって、国内の生産者が現状にあぐらをかいてしまったり、いつまでも保護を減らさなかったせいで、生産性を高めようとする意欲が引き出されなかったりした。幼稚産業保護を見事に使いこなした日本や韓国などの国では、徐々に保護を減らすことで、そのような事態が回避された。親が子どもを育てるとき、徐々に保護を減らして、子どもに自分で自分のことをするようにさせるのと同じだ。

幼稚産業保護がなければ、18世紀の英国にしろ、19世紀の米国やドイツやスウェーデンにしろ、20世紀の日本やフィンランドや韓国にしろ、もともとは経済的にひ弱だった国が今のような世界的な経済の強国へと変貌を遂げることはなかっただろう。

第6章 麺

起業は個人的な挑戦か

茄子の焼きパスタ（イタリア。クラウディア・ローデンのティンバッロ・アッレ・メランツァーネにわたしがアレンジを加えたもの）
ペンネと、茄子と、トマトソース（トマト、バジル、にんにく）に3種のチーズ（モッツァレラ、リコッタ、パルメザン）を載せ、焼いた料理

世界ラーメン協会（世界にはそんな団体もあるのだ）によると、世界でいちばんインスタント麺を食べているのは韓国人で、年間消費量はひとり当たり79・7食だという。2位は72・2食のベトナム人、3位はだいぶ差が開いて53・3食のネパール人だ。(1) 韓国の人口は5100万人強なので、国全体では年間約41億食のインスタント麺が消費されている計算になる。

それらの大半はラミョン（日本語ではラーメン）と呼ばれる、歯ごたえのある縮れた小麦の麺だ。韓国のインスタント麺はふつう、添付の粉末スープで作ったスープに入れて食べる。スープの味はかなり香辛料が効いたものから強烈な辛さのものまである。中には炒めたり、ソース（ピリ辛

ソースが多い）をかけたりして食するインスタント麺もある。

以上はインスタント麺だけの話だ。韓国にはほかにもたくさんの麺類がある。

韓国で食べられている麺

まず、シンプルな小麦の麺。これにはやわらかい細麺（ソミョン）と、やわらかい太麺（カルグクス）[*1]と、いくらか歯ごたえのある太麺（ガラクグクス。日本のうどんに似る）とがある。これらはすべてスパイシーではないスープ（さすがの韓国人もスパイシーばかりでは飽きてしまう）で食べることが多いが、ソミョンには野菜（やときに肉）を添え、さまざまなタイプのソース（スパイシーなものも、そうでないものもある）をかけることもある。

小麦麺にでん粉を加えたうえで、製麺機を使って、高温高圧で生地を押し出すと、世界一歯ごたえのある麺、チョルミョンができ上がる。この麺は、激辛で甘酸っぱい唐辛子のたれをかけて、野菜といっしょに食べる。究極の噛みごたえと涙が出るほどの辛さの組み合わせは、まさに食のトライアスロンといえる。過酷さは並大抵ではないが、食べたあとの満足感は格別だ。

小麦の生地にアルカリ塩水溶液（かん水）を加えれば、弾力性に富んだアルカリ性の麺ができる。このタイプの麺が韓国では最もポピュラーで、ラミョンもアルカリ性の麺だ。さらに、チャジャンミョン（またはジャージャンミョン）という麺料理もある。英国生まれの「インド料理」チキンティッカ・マサラの場合と同じで、これは韓国で生まれた「中華料理」だ。使われる麺は縮れたアルカリ性の太麺で、豚肉と、たまねぎと、そのほかの野菜（好みに応じて、ジャガ芋、ズッキーニ、キャベツなど）を黒味噌（チュンジャン）で炒めたソースがかけてある。韓国ドラマのファンならきっと見たことがあるに違いない。韓国ドラマの登場人物が年じゅう、ありとあらゆる場所で――レストランはもちろん、職場や、自宅（家ではあまり作らない料理なので、出前したもの）や、さらには警察の取調室で――食べている、あの焦げ茶色のソースがかかった麺料理がチャジャンミョンだ。[*2] 韓国では1日当たり推定150万食ものチャジャンミョンが消費されている。(2)

そば（メミル）も韓国で人気の麺類だ。そばには2種類ある。ひとつは、日本のそばに似たやわらかいもので、その名もずばりメミルククス（「そば麺」の意）という。もうひとつは、もっと太く、歯ごたえが強いタイプで、ピョンヤン・ネンミョンククス（文字どおりに訳せば「ピョンヤン冷麺のための麺」）の名で呼ばれている。こんな風変わりな名がついているのは、ほぼピョンヤン冷麺にだけ使われることに由来する。ピョンヤン冷麺というのは、牛肉のブイヨン（本場ピョンヤンでは雉肉《きじ》のブイヨン）のスープに、酢とマスタードで味をつけた冷麺だ。かさを増やしたり、土臭い風

＊1　カルグクスとは、文字どおりには「包丁麺」という意味だ。これは、生地を押し出して成形するほかのほとんどの麺と違って、生地を切って成形することにちなむ。

＊2　つまり、チャジャンミョンは、ピザの韓国料理版といえる。手軽に腹に溜まるものが食べたいという要望に応える食べ物だ。

味をつけたりするため、どんぐり（トトリ）粉やくず（チク）粉をそば粉に加えることもある。

韓国人は小麦ではなく、さまざまな種類のでん粉からも麺を作る。[*3] そのような麺の代表はさつま芋のでん粉を使ったダンミョンだ。ダンミョンとは、文字どおりには「中国の麺」を意味する（「ダン」[*4]とは、韓国語で中国が起源であることを表す接頭辞）。もとの中国のものは緑豆のでん粉で作られるが、わたしたち韓国人はさつま芋のでん粉を好む（中国でもさつま芋のでん粉は使われる）。キャッサバ（タピオカ）や、とうもろこしや、ジャガ芋のでん粉を使ったダンミョンもある。日本人はジャガ芋のでん粉で糸のように細いダンミョンを作り、それを春雨という詩的な名で呼んでいる。ダンミョンを使った韓国料理で最も有名なのは、野菜の千切りとダンミョンの炒め物であるチャプチェだ。ほかには餃子（マンドゥ）や、豚の血の腸詰め（スンデ）や、シチューにも、やはりかさを増やしたり（安くて、腹に溜まる食材ゆえ）、弾力のある食感をつけ加えたりするために使われる。

ふしぎなことに、韓国では米が主食でありながら、伝統的な韓国の麺には米粉で作ったものはない。おそらく貴重な米を麺に使うのは「むだ遣い」と思われたのだろう。しかしそれも急速に変わっている。最近の韓国人は米粉の麺に夢中のようだ。フォー（ベトナムの米粉麺のスープ）とパッタイ（タイの米粉麺の焼きそば）の人気がどんどん広がっている。

わたしたち韓国人はどんな野菜でもキムチにしてしまうのと同じように（「にんにく」参照）、炭水化物に富んだありとあらゆる穀物や芋類を麺（ククス）にしてしまう。小麦、そば、さつま芋、ジャガ芋、とうもろこし、キャッサバ、どんぐり、くず、米、最近では大麦まで、ほぼなんでもだ。しかし、形に関しては、韓国の麺には基本的には、丸麺と平麺の2種類しかない。

失敗作のパスタ

だから1980年代後半に初めてイタリアに行き、イタリアで食べられている麺（彼らの言葉ではパスタ）の形はスパゲッティとマカロニだけではないことを知ったときには、ほんとうに驚いた。とりわけ衝撃を受けたのは、大学院時代、イタリアのサマースクールでオルゾ（リゾーニとも）と呼ばれるパスタを振る舞われたときだ。オルゾは、小さな穀物の粒のような形をしているパスタ（「オルゾ」は大麦や米の意）で、透き通ったブイヨンスープ仕立てにされることもある。わたしが出されたのもスープ仕立てのもので、わたしはそれ見て、米料理だと思った。韓国では温かい（透明または不透明の）スープにご飯を入れて食べるということをよくするからだ。自分が今食べたもの

＊3　でん粉は植物から抽出され、処理された純粋な炭水化物。最近、英語の「フラワー（flour）」という単語は小麦粉だけでなく、「アーモンドフラワー（アーモンド粉）」や「アロールートフラワー（くず粉）」のように、ほかの植物から作られた粉状の食材にも使われるようになった。

＊4　この「ダン」は、中国の王朝名である「唐（タン）」に由来する。618年から907年まで続いた唐王朝は、しばしば中国文明の黄金時代といわれる。

は麺（パスタ）料理だといわれたときには、冗談としか思えなかった。

イタリアでは、基本的には唯一の炭水化物源である小麦がパスタの材料に使われている（「どんぐり」参照）。しかしパスタの形は千差万別で、２００種類を超える。もちろん韓国や世界の国々の麺同様、丸麺や平麺のパスタもあるが、そのほかにチューブ形、輪形、らせん形（ねじ形）、蝶形、人間の耳形、貝殻形、米形、球形、餃子形、シート形があり、さらに数々のもっと複雑な形のパスタがある（わたしは食べたことがないが、馬車の車輪や、オリーブの葉や、こまや、果てはラジエーターの形をしたものまであるらしい）[*5]。

イタリア人のパスタの形へのこだわりの強さたるや、たいへんなものだ。１９８０年代初頭には、世界最大のパスタメーカー、バリラの高級ブランド、ヴォイエッロが著名な工業デザイナー、ジョルジェット・ジウジアーロに究極のパスタの形のデザインを依頼したことがあった。ソースを吸いすぎず、形が保たれ、なおかつ装飾的ないし「建築様式的」ですらあるパスタをデザインしてほしい、と（当時は、フランス料理の新潮流ヌーベルキュイジーヌの時代だった）[3]。

ジウジアーロは波とチューブからなる前衛的な美しいパスタの形を「設計」した。この形はマリッレと名づけられ、１９８３年に鳴り物入りで発売された。残念ながら、結果は完全な空振りに終わった。生産数に限りがあったうえ、販路が乏しかったことから、入手するのが困難な商品だった。さらに大きな問題だったのは、形の複雑さのせいで、茹で具合にむらができやすかったことだ[4]。アルデンテ[*6]のパスタをこよなく愛するイタリア人にとって、茹で上がりにむらがあることはほとんど大罪に等しかった。

ジウジアーロがこのマリッレの失敗で意気消沈したかというと、そんなことはなかったようだ。ジウジアーロは20世紀後半で最も成功し、最も影響力のあるカーデザイナーだった。設計した自動車の数は100を超えた。世界の名だたる自動車メーカーで、彼がデザインした車がないメーカーはほとんどない（ゼネラルモーターズ、メルセデス・ベンツ、日産が数少ない例外）。フォルクスワーゲンのゴルフやフィアットのパンダのような信頼されるロングセラー車から、マセラティのギブリやロータスのエスプリのような人目を引く高級車まで、車のタイプも多岐にわたる。本人の発言から判断すれば、ジウジアーロはマリッレで大こけしたことを、輝かしい経歴にちょっとした興を添えるものと受け止めているらしい。

1991年のインタビューで、次のように語っている。「わたしが社会に広く知られるように

＊5　丸麺のパスタには、スパゲッティ、ブカティーニ、リングイーネ、カペッリ・ダンジェロ（天使の髪）、ヴェルミチェッリ（みみず）、平麺のパスタには、フェトチーネ、パッパルデッレ、タリアテッレがある。ペンネ、リガトーニ、マカロニはそれぞれ径や長さが違うチューブ形のパスタだ。輪形のものとしては、アメリーニなどがある。白いフジッリ、トロフィエ、ジエメッリは、らせん形ないしねじ形をしている。蝶形（ファルファッラ）、人間の耳形（オレキエッテ）、貝殻形（コンキリエ）、米形（オルゾ、リゾーニ）、球形（フレグラ）といったパスタもごくふつうに食べられている。ラザーニャはシート形のパスタだ。餃子形にはラビオリ、トルテリーニ、メッザルーナがある。

＊6　文字どおりに訳せば「歯に」。つまり歯ごたえがあるということ。

なったのは、あのパスタのおかげですよ。『ニューズウィーク』にまで紹介されたんですから。おもしろいこともあるものです[5]」

現代自動車の内部相互補助

ほとんど知られていないが、じつは、この麺好きの国イタリアの超有名デザイナーは、当時はまったくの無名だった、同じく麺好きの国韓国の自動車メーカー、現代自動車（ヒョンデ）のポニーという小型ハッチバックのデザインも手がけている。

現代自動車は、韓国の伝説的な起業家、鄭周永《チョンジュヨン》によって１９４０年代に創立された現代グループに属していた。現代グループはもともとは建設を主力事業にしていたが、１９６０年代末から高生産性産業への進出を図り始めた。自動車はその最初の取り組みだった。[*7] 現代自動車はフォードとの合弁事業として立ち上げられ、コーティナという車の生産を開始した。コーティナは英国フォードによって開発された車で、生産に使われる部品はほぼすべて輸入されたものだった。最初の３年間（１９６８年11月から）で現代自動車が生産できたのは８０００台をわずかに超える程度で、年間生産台数は３０００台にも満たなかった[6]。

１９７３年、現代自動車はフォードとの関係を解消し、自分たちで設計した自動車を生産すると発表した。その自動車がポニーだった。初年度の生産台数は１万台強に留まった。これは同年のフォードの生産台数の0・5%、ゼネラルモーターズの0・2%だった。(7) 1976年6月、エクアドルに現代自動車の車が輸出されると、韓国の国内は喜びに沸き返った。エクアドルが購入したのはポニー5台とトラック1台であることには、ほとんど誰も触れず、触れたとしても、問題にしなかった。肝心なのは、外国人が韓国の車を買いたいと思ってくれたことだったからだ。当時、韓国製品で有名なものといえば、かつらや、縫製された衣類や、動物のぬいぐるみや、スニーカーなどで、安い労働力を必要とするものしかなかった。

このようにけっして幸先のいいスタートを切ったわけではなかったが、現代自動車はその後、ぐんぐん成長していった。1986年には、エクセル（ポニーをアップグレードしたモデル）で米国市場に華々しい参入を果たした。エクセルという名は、米国のビジネス誌『フォーチュン』でその年の優秀製品トップ10に選ばれた製品から取られたものだった。1991年には、エンジンを自社設計する世界でも数少ない自動車メーカーの一社になり、21世紀に入ると、世界の10大自動車メーカーにも名を連ねた。2009年、現代自動車（1998年に自社より規模の小さい国内のライバル企業、起亜を買収しており、この頃には正式名は現代起亜といった）はついに自動車の生産台数でフォードを抜いた。2015年には、現代と起亜の車の出荷台数がゼネラルモーターズの車の出

＊7　現代グループの事業はその後、セメント、エンジニアリング、造船、鉄鋼、電子機器、海運、エレベーター、精油、半導体、そのほか数多くの高生産性・先端技術分野へと拡大した。

荷台数を超えた[8]。

信じられないほどの大躍進だ。タイムマシンで1976年に戻り、ひとり当たりの国民所得がエクアドルの3分の2しかない韓国という貧しい国[9]の、まったくの無名の自動車メーカー（実際、自動車の修理店に毛が生えた程度の企業だった）が、わずか30年でフォードより大きくなり、40年足らずでゼネラルモーターズより多くの自動車を生産するようになるだろうなどと主張したら、きっと気が触れていると思われるだろう。

なぜそんなことが可能になったのか。この手の壮大な企業の成功物語を聞かされると、わたしたちはすぐ、ビル・ゲイツや、スティーブ・ジョブズや、ジェフ・ベゾスや、イーロン・マスクといった類いの天才的な起業家が背後にいたのだろうと考える。

確かに、現代自動車の成功の背後にはふたりの天才的な起業家がいた。現代グループの創業者、鄭周永と、その弟で1967年から97年まで現代自動車を率いた鄭仁永《チョンイニョン》（ポニーの投入で中心的な役割を果たし、ポニーチョンの異名を取る）だ。現代自動車が世界の市場で生き残れるチャンスは万にひとつもなかったし、まして業界の有力企業になるなど途方もない話だった。それでも鄭兄弟は、いつの日か、世界で覇を競える企業にするという大それた目標に向かって努力を傾けた。自社の第1号車を生産するにあたってジウジアーロに設計を依頼したのは、その決意の表れだった。ふたりは当初は赤字続きだった自動車事業を維持するため、現代グループのもっと盤石な（もっと儲かる）部門で稼いだお金を投じた。これはグループ企業内における内部相互補助という手法だ。

子どもからおとなへ

このふたりのリーダーの存在はもちろん重要だったが、現代自動車の成功をもっと詳しく見てみると、単に起業家個人の類いまれな才能だけの話ではないこと、それは中心ですらないことがわかる。

第一に、生産ラインの作業員、エンジニア、研究員、それにプロ経営者がいた。長時間働いて、外国の先進技術に習熟し、習熟した技術に徐々に磨きをかけ、最終的には独自の生産システムと技術を築き上げ、フォルクスワーゲンやトヨタといった世界のトップメーカーの技術に匹敵する技術を獲得したのは、それらの者たちだった。献身的で有能な労働力がなかったら、企業の構想はどれだけすばらしいものであっても、構想のままで終わる。

次には、政府がいた。韓国政府は現代自動車をはじめとする自動車メーカーが「おとなになる」までぶじに育つよう、1988年まで自動車の輸入をすべて禁止し、1998年まで日本車の輸入を禁止した（ほかの「戦略的」産業同様、ここにも幼稚産業保護論が使われた）。当然、そのせいで韓国の消費者は何十年も性能の低い国産車でがまんしなくてはならなかったが、この保護がなければ、韓国の自動車メーカーは生き延びることも、成長することもできなかっただろう。1990年代初頭まで、韓国政府は現代自動車などの戦略的ハイテク産業、特に輸出志向の産業が格段に有利な条件で融資を受けられるようにした。それは厳格な銀行規制を敷いて、（住宅ローンや消費者ローンより）ものを生産する企業への融資を優先するよう義務づけたり、銀行部門を国有化したりすることを通じて行われた（「どんぐり」参照）[*8]。

政府の政策は「援助」の類いばかりではなかった。現代自動車が自社で自動車を開発することに決めたのは、じつは自動車部門の国産化計画を進めるよう韓国政府から要請されたからだった。1973年、現代自動車など韓国の自動車メーカー各社は政府から、自社モデルを生産しなければ事業許可を取り消すと迫られたのだ。韓国政府はさらに規制と金融という手段を使い、現代自動車などの各社に対し（国内企業だけでなく外国の企業に対しても）、製品の「国内調達」を増やすよう、公然と、または暗に圧力をかけた。国内で生産された部品の割合を増やすことで、国内の部品産業を育てることがその狙いだった（「バナナ」参照）。

個人の力では成長しない

しかし、みなさんはこう問うかもしれない。現代自動車の話は、天才起業家たちの世界では例外に属すのではないか、と。その答えは、否だ。

まず、現代自動車と同じような成功を収めている韓国企業はほかにもたくさんある。サムスン電子（製糖と織物を手がけていたのが、世界の半導体や携帯電話をリードする企業へ）もそうだし、ＬＧ

エレクトロニクス（化粧品と歯磨き粉を手がけていたのが、世界のディスプレイ市場におけるトップ企業へ）もそうだ。

誰もがその名を聞いたことがある日本の多国籍企業の多くも、似たような成功の軌跡をたどってきた。トヨタは単純な織機のメーカーとして出発し、やがて世界最大の自動車メーカーになり、三菱は海運会社として出発し、やがて造船から原子力発電、電子機器、自動車まで、きわめて幅広い分野を手がける多国籍企業になった。そのような発展を遂げたのはすべて、個々の才能と、企業努力と、内部相互補助と、政府支援と、消費者の犠牲が組み合わさった結果だった。

フィンランドの巨大企業ノキアは、製紙工場として出発したが、同じような手法で一時期は携帯電話の世界最大手にまで成長し、今では通信機器やソフトウェアの有力企業になっている。ノキアの電子機器部門が設立されたのは1960年、初めて黒字化したのは1977年だった。したがってノキアグループの既存企業（紙、ゴム長靴、電気ケーブル）から資金を融通してもらう必要があった。また同時に、貿易保護や、外資規制や、公的調達（政府によるモノやサービスの購入）によっても支援を受けた。

＊8　1961年から83年までのあいだ、国内の全銀行が国有化され、そのうちの多くは1990年代初頭まで政府の管轄下に置かれた。今でも、数行の重要な銀行が国有に留まっている。韓国産業銀行（長期の大規模融資が専門）、韓国輸出入銀行（貿易信用が専門）、中小企業銀行（中小企業への融資が専門）がそうだ。

米国――「自由企業」体制を誇りにし、つねに天才的起業家を称揚してやまない国――ですら、現代の起業に共通する集団的な性格の例外ではない。米国は幼稚産業保護論を考え出した国であり、保護主義の高い壁を築いて、19世紀から20世紀初頭の強大な外国（とりわけ英国）企業との競争から若い企業を守り、自国の企業が成長できるようにした国だ（「えび」参照）[10]。それだけではない。ここでの議論でさらに重要なのは、米国が第二次世界大戦後の時期、公的資金を使って基盤技術を開発することで、企業を肝心な部分で助けたことだ。米国政府は国立衛生研究所（NIH）を通じて、薬剤や生物工学の研究を行ったり、その資金を提供したりした。コンピュータ、半導体、インターネット、GPSシステム、タッチスクリーンをはじめ、情報時代を支える基盤技術の多くはもともと米国防総省と米軍の「防衛研究」で開発されたものだ[11]。それらの技術がなかったら、IBMも、インテルも、アップルも、シリコンバレーもなかっただろう。

現在の主流をなす自由市場経済では、起業や企業の成功に対する個人主義的な見方が広く流布している。そのような見方も、資本主義の初期にはある程度まで妥当だったのかもしれない。生産規模が小さく、技術が素朴だった時代だ。そのような環境であれば、有能なひとりの起業家が大きな変革を起こすことができただろう。しかし当時ですら、企業が成功するためには、有能な個人がひとりいるだけでは足りなかった。19世紀後半以降、生産が大規模化し、技術が複雑化し、市場がグローバル化すると、企業の成功は、個人の努力よりも集団の努力でもたらされるものになった。その「集団」には、企業のリーダーだけでなく、労働者や、技術者や、科学者や、プロ経営者や、政府の政策立案者や、さらには消費者も含まれる。

麺好きのふたつの国、韓国とイタリアとが絡まり合った本章の話には、現代の経済においては、起業はもはや単なる個人的な挑戦ではないことが示されている。集団による一致協力した挑戦だ。

第7章 にんじん

「諸刃の剣」特許制度をどうすべきか

にんじんケーキ
にんじんとスパイスとナッツでできたケーキ

英国へ来て初めて出会った（たくさんの）ふしぎなもののひとつが、にんじんケーキだった。にんじんは白菜といっしょにキムチに入っていたり、日本風のカレーでたまねぎとジャガ芋といっしょに煮込まれたり、チャプチェ[*1]でほかの野菜といっしょに炒められたり、サラダに入っていたりはするが、甘いものに使われるなどありえなかった。絶対にありえなかった。

にんじんケーキは今ではわたしの大好きなデザートのひとつになっている。しかし最初は――勝手な想像だが――英国人にとっての芽キャベツ・クランブル、米国人にとってのブロッコリー・パイのようなものだった。とうてい受け入れられるものではなかった。

しかし考えてみれば、甘いものかそうでないかの区別は文化にかなり左右される。アボカドはほとんどの国では甘い食べ物と思われていないが、ブラジルでは砂糖をかけてデザートとして食べられている。どの国の料理でもたいてい、トマトは甘くない食材として使われているが、わたしが子どもの頃の韓国では、甘みのある食べものと見なされていた。だから果物のひとつとして（植物学的には実際に果物なのだが）食べられていて、甘みが足りないときは（往々にして足りなかったが）砂糖を振りかけたりもした。年配の人たちは、トマトをよく「一年柿」と呼んでいた。柿に似ているが、本物の柿と違って、一年草だからだ。トマトが甘いものと見なされていない英国に住んでもう何年も経っていたのに、1991年の米国の映画『フライド・グリーン・トマト』を観たときには、映画はすばらしかったが、ひどく動揺した（みなさんだって、柿を揚げたりはしないでしょ?）。

政治的な野菜?

にんじんは中央アジア原産（今のアフガニスタンのあたりであることがほぼ確実視されている）で、もともとは白かった。その後、紫や黄色の変種が生まれた。今のオレンジ色の変種はだいぶ時代が下って、17世紀にオランダで作られたものだ。

＊1　野菜の千切りと挽肉などといっしょに春雨（ダンミョン）を炒めた韓国料理。

オランダ人がこの新しい変種を熱心に広めたのは、オレンジ公ウィリアム（オランダ語では、オラニエ公ウィレム）と関係があると一般に信じられている。オレンジ公は16世紀に支配国スペインからの独立戦争を指揮した人物だ。したがって、にんじんは史上最も政治的な野菜であるともいえる。しかし、事実は得てしておもしろい話の妨げになる。この話にはどうも根拠はないようだ。(1)

ハプスブルク帝国とネーデルラントの政治はともかく、オレンジ色のにんじんの登場は栄養面では画期的なことだった。オレンジ色は食べると体内でビタミンAに変わるβカロテンの色だ。ビタミンAは肌や免疫系や目の健康を保つのに欠かせない。だから、オレンジ色のにんじんは、期せずして、白かった先祖に栄養面のメリットをつけ加えるものになっていた。どのビタミンもたいていそうだが、ビタミンAも過剰に摂取すると、体を害することがある。これはビタミン過剰症と呼ばれている。その症状は倦怠感や、目のかすみや、骨の痛みで、ひどい場合には、皮膚がはがれたりもする（考えるだに恐ろしい！）。昔のヨーロッパの極地探検家たちはアザラシの肝臓（ビタミンAがきわめて豊富）や、アザラシを主食にするホッキョクグマを食べていたせいで、このことを身をもって知ることになった。

ゴールデンライスの開発と売却

βカロテンであれば、そんなビタミン過剰症も避けて、ビタミンAを安全に摂取できる。なぜならβカロテンが体内でビタミンに変換される量は、人間の体内の仕組みによって調節されているからだ。2000年、インゴ・ポトリクス（スイス）とペーター・バイアー（ドイツ）率いる科学者のグループがこの特性に注目し、人工的に合成した2種類のβカロテン（ひとつはトウモロコシから、もうひとつは一般的な土壌の細菌から）の遺伝子を米に組み入れて、ゴールデンライスという品種を開発した。ゴールデンライスはふつうの米とは違って、βカロテンの色素で黄金色をしていて、ビタミンAの摂取源になる。(2)

米はたいへん栄養価が高く、小麦と比べ、同じ作付面積でより多くの人を養える。しかしビタミンの含有量は少ない。アジアやアフリカの米を主食にする国では、貧しい人々がほとんど米しか食べないせいで、ビタミンA欠乏症を患っている。毎年、ビタミンA欠乏症が原因で死ぬ人の数は推定200万人、失明する人の数は推定50万人、ドライアイ（眼球乾燥症）を患う人の数は数百万人にのぼるという。ゴールデンライスは何百万人もの人を死や重い病から救う可能性を秘めている。

ポトリクスとバイアーはゴールデンライスを開発すると、すぐに国際的な農業・バイオテクノロジー企業シンジェンタに技術を売却した。スイスのバーゼルに本社を置くシンジェンタは自身も、複雑極まりない企業どうしの遺伝子組換えの産物であり、1970年まで遡る一連の合併買収から生まれた企業だった。その誕生までにはスイスの製薬企業3社（チバ、ガイギー、サンド）に始まり、英国の化学大手インペリアル・ケミカル・インダストリーズ（ICI）、スウェーデンの製薬企業アストラ、中国の国有化学企業、中国化工集団までが関わっている。[*2] シンジェンタはヨーロッパ連合（EU）を通じて間接的にゴールデンライスの研究に資金を提供していたので、その技術に対する部分的な権利をすでに持っていたが、ポトリクスとバイアーから権利を買い取って、ゴールデンライスを完全に自分たちのものにした。その際、ふたりがシンジェンタときびしい交渉を行って、途上国の貧しい農家が無料でその技術を使えるようにしたことは、称賛に値するだろう。

それでも一部からは、ゴールデンライスのように「公共性が高い」技術を営利企業に売ったのは許されない行為だと批判された。ふたりはそれに対し、もし自分たちでゴールデンライスを商品化しようとすれば、70以上の特許技術をめぐって、32の権利者と交渉しなくてはいけなかっただろうといい、自分たちの判断について弁明した。そんなに多くの権利者を相手に交渉して、それぞれにライセンス料を払うなどということは、そもそも自分たちの手に余るというのがふたりのいい分だった。批判者はそれにも反論し、ふたりが実際に使用許可を得なくてはならない重要な特許は30件ほどだと指摘した。

しかし、たとえそうであっても事情は変わらない。科学者が個人で対処するには、やはり特許の数が多すぎた。結局、特許の問題には多国籍企業が当たることになったが、ゴールデンライスは開発から20年経った現在も、本格的な生産に至っていない。遺伝子組換え作物（ＧＭＯ）を巡る議論が持ち上がっているせいだ。ただ、それはまた別の問題になる。

「絡まり合った特許」問題

特許とは、新しい技術の発明者に対し、技術を公開した見返りに、一定期間、独占の認可を与えるものだ。知識の進歩という観点からは、これは諸刃の剣になる。発明者にその新しいアイデアを一定期間、独占的に利用できることを約束し（現在は20年だが、かつてはもっと短かった。この点についてはあとであらためて取り上げたい）、競争の心配をなくすとともに、市場に受け入れてもらえ

＊2　チバとガイギーが１９７０年に合併して、チバガイギーとなり、チバガイギーが１９９６年にサンドと合併して、ノバルティスが誕生した。１９９３年、ＩＣＩの製薬・農業部門が分離して、ゼネカとなり、そのゼネカが１９９９年にアストラと合併して、（のちに新型コロナのワクチンで有名になる）アストラゼネカとなった。ＩＣＩの本体は２００８年、オランダの化学企業アクゾノーベルに買収された。２０００年、ノバルティスとアストラゼネカは互いの農業部門を統合し、新会社シンジェンタを設立した。シンジェンタはその後、２０１６年に中国の国有化学企業（中国化工集団）に買収された。

る範囲でいくらでも使用料を取れるようにすることで、新しい知識の創造を促せる。しかし反面、ほかの者にはその技術を自由に使えないようにすることで、新しい知識の創造を妨げもする。

ここで厄介なのは、知識の生産においては知識が最も肝心な原料になるということだ。だから数多くの必要な知識が特許で守られると、ゴールデンライスの例のように、新しい知識を生み出すのに高いコストがかかることになる。著名な経済学者ジョセフ・スティグリッツはこれを「特許の藪」と名づけているが、わたしはこれを「絡まり合った特許」の問題と呼んでいる。[3]

絡まり合った特許は目新しい問題ではない。19世紀にも、ミシン業界の技術的な進歩がそのせいで停滞するということがあった。当時、ミシン業界では誰もが誰かを特許侵害で訴えていた。それぞれの技術が密接につながり合っていたせいだ。その結果、技術の進歩が止まってしまった。この膠着状態を打開したのは、1856年に形成された「特許プール」だった。これにより業界内の企業が基幹技術の特許を共有することで合意し、新しい技術の開発に専念できるようになった。この特許プールはミシン連合と呼ばれた。特許プールの例はほかにもいくつもある。例えば、DVDのMPEG-2や携帯電話のRFIDもそうだ。

ときに政府の介入で、特許プールが形成されることもある。特に積極的なのは、どの国よりも特許権者を守ることに力を入れている米国の政府だ。1917年、米国の政府は空中戦の重要さが増していた第一次世界大戦への参戦に先立って、航空機メーカー各社に特許プールの設立を「勧めた」(これは事実上、「強いた」ということだ)。その中には、当時の二大航空機メーカー、ライト社（あのライト兄弟の会社だ）とカーティス社も含まれた。１９６０年代には、初期の半導体研究の資金をほぼすべて提供していた米海軍が、当時半導体のトップメーカーだったテキサス・インスツルメンツとフェアチャイルドに特許プールを設立させた。

絡まり合った特許の問題は近年、かつてよりもはるかに深刻化している。その背景には、知識の細分化がどんどん進み、遺伝子レベルにまで達していることがある。ゴールデンライスの例もまさにそうだ（米1粒に70件以上の特許が詰まっているのだから）。今や、科学者が技術を大きく進歩させようとしたら、先進の弁護士の一団に特許の藪を切り開いてもらわなくてはならない。このように、かつては技術革新の強力な推進装置だったものが、今では大きな障害になってしまっている。これは放っておけない状況だ。

特許制度の改善に向けて

現在の特許制度を改善するひとつの方法は、すべての特許の有効期間を短くすることだろう。18世紀末にヨーロッパで初めて特許制度が設けられたとき、特許の有効期間はふつう14年だった（当時の徒弟期間の2倍の年数）。現在の特許は20年間有効だ。製薬業界では、さらに8年足される。臨床試験に時間が必要であるというのと、試験のデータを守る必要があるというのがその理由だ。20年（あるいは28年）という長さが最も妥当であると述べている経済理論はない。14年や10年より

20年のほうがいいと述べている経済理論もない。特許の有効期間を短くすれば、それだけ知識が公共物になるのを早められ、諸刃の剣の技術革新を妨げるほうの刃を鈍らせられる。

特許制度によって知識の進歩が妨げられるのを軽減するには、報奨制度を使うという方法もある。この方法では、新しい技術の発明者に1回きりの報酬が支払われる（金額は見込まれる有用度に応じて決まる）。そうすることで、発明から間を空けずに新しい技術を公共物にできる。報奨制度は過去に成果を上げており、人類史上、最重要の部類に入る発明もいくつかもたらしている。例えば、ジョン・ハリソンが1760年代に発明したマリン・クロノメーター（海上で経度を測定でき、正確な航行を可能にした）は、1714年に英国政府によって提示された2万ポンドという懸賞金がきっかけのひとつだった。[4]

1809年、菓子屋や醸造所を営んでいたフランスのニコラ・アペールという人物が缶詰の技術を発明した（実際に使ったのは、当時はまだなかったブリキ缶ではなくガラス瓶だったので、正確には「瓶詰」。ブリキの缶については「牛肉」の章であらためて取り上げる）。そのきっかけも、軍隊にしっかり食事をさせたいと考えたナポレオンによって出された懸賞金にあった。ナポレオンは「軍隊は胃袋で行軍する〔腹が減っては戦はできぬ〕」といったと伝えられている（ただ、これはプロイセンのフリードリヒ大王の言葉である可能性のほうが高いようだ）。

技術の進歩が速い分野では、実際、報奨制度は先駆者により大きな利益をもたらしうる（その結果、新しい技術を発明しようとする意欲も高まる）。なぜなら、先に見返りをもらえるので、自分の技術より優れた技術が登場して、自分の技術が時代遅れになり、市場が破壊されるということを心配しなくていいからだ。自分の技術が古びてしまったら、特許によって自分の技術を独占することができても、もはや意味はない。無意味なものを独占するぐらい無意味なことはないだろう。

公共目的の技術を開発するのに必要だと見なされる技術については、国際協定のもと、特許権者に割引料金でのライセンス供与を義務づけるという方法もありうる。ゴールデンライスの例では、2001年、シンジェンタがその技術を買い取ってすぐ、自発的にその商業的利益を放棄した。この原稿を書いている現在（2021年の秋）も、製薬会社が途上国に安く、または無料で、新型コロナウイルスのワクチンや治療薬のライセンスを供与するべきかどうかを巡って、議論が交わされている。同じように、気候危機の問題でも、グリーンエネルギーなど、気候変動対策に有効な技術（例えば、海水の淡水化など）について、同じことをするべきだろう。途上国には、少なくともわたしたちに残された時間内には、そのような技術を開発する能力がない（「ライム」参照）。

どんな制度についてもいえるように、わたしたちが特許制度を使うのは、利益のほうがコストより大きいからだ。もしそうでなくなったときには、制度を改変しなくてはならない。たとえその改変がはじめはどんなに途方もないものに見えたとしてもだ。思い出してほしい。わたしたちが今、オレンジ色のにんじんを食べているのは、もとはといえば、17世紀にオランダ人がにんじんをオレンジ色にしようなどというばかげた考えを起こしてくれたおかげなのだ。

第3部

世界で成功する

第8章 牛肉

「自由貿易」の不都合な真実

チリコンカン（メキシコ）
トマト、唐辛子、キドニービーン、チョコレートを使ったビーフ（または七面鳥などの肉）のシチュー

さて、ここでクイズを出そう。世界一のサッカー王国はどの国か。

多くの人は、ブラジルだと思うだろう。何しろワールドカップで最多の5回の優勝を果たしているのだから。しかしイタリアはどうか。イタリアは優勝回数こそ4回とわずかに少ないが、人口はブラジルの3分の1もない（ブラジルの2億1200万人に対し、イタリアは6100万人[*1]）。

しかし正解はブラジルでもイタリアでもない。ウルグアイだ。

サッカー王国は牛肉天国

ウルグアイ？　そう、ウルグアイ。相手に噛みつくという奇癖で悪名高い名選手、ルイス・スアレスの母国として知られるあの南米の国だ。

ウルグアイは人口わずか３５０万人の国でありながら、ワールドカップで2回優勝している。最初は１９３０年、母国で開催された第1回大会での優勝であり、決勝戦は首都モンテビデオで行われた。２回めは１９５０年、ブラジルの首都リオデジャネイロ（当時）での決勝戦で、ホームチームを見事に下して優勝を収めた。この勝利はサッカー史上最大の番狂わせといわれている。もしウルグアイの人口がブラジルと同じだったら、優勝回数は2回などではなく、これまでのワールドカップの開催数より１００回も多い１２１回に達することになる。

そのような小国が2回も優勝するというのは並大抵のことではない。たとえ1回めが1世紀近く前、2回目めでさえ70年前であってもだ（だからイングランドのファンもめげてはいけない。自分たち以外にも自国が最後に優勝したのが自分が生まれる前だという国はあるのだから）。

＊1　ドイツも4回優勝している。しかしそれでもイタリアのほうが上なのは、ドイツの4回めの優勝はイタリアよりもかなり人口が多いときのものだったからだ。前の3回の優勝（１９５４年、74年、90年）は、イタリアと人口の差がない西ドイツとしての優勝だった。

２回の優勝はほんとうにすごいことだが、ウルグアイが抜きん出ているのはサッカーだけではない。政治や公民権に関しても、すばらしい記録を誇っている。１９１２年、南米の国で初めて、ウルグアイは特別な理由がなくても離婚を申請できる権利を女性に与えた。また、女性が投票権を得た世界で最初の国のひとつでもある（１９１７年）。２０１３年には、マリファナを合法化した世界で最初の国になった。*2

サッカーや政治、公民権に比べると地味だが、牛肉産業でも、ウルグアイは世界をリードしている。現在、国民ひとり当たりの牛の飼養頭数は断トツで世界1位だ。(1) 数が多いだけではない。質もおろそかにしていない。２００４年、世界に先駆けて、国内の肉牛全頭の生産履歴を追跡できるようにもした。*3 もっと古くは、牛肉エキスの大量生産を最初に始めた国でもある。牛肉エキスはもとは濃い液体にまで濃縮されたビーフストックとして作られ、のちに固形ビーフストックの代名詞であるＯＸＯ（オクソ）となった。

牛肉が庶民の食べ物に

１８４７年、植物の栄養素に関する研究で知られ、有機化学の創始者のひとりと目されるドイツの科学者、ユストゥス・フォン・リービヒが牛肉エキスを発明した。リービヒはこの牛肉エキスによって、本物の肉を買う余裕がない貧しい人々でも牛肉の栄養を摂取できるようになると考えていた。しかし当ては外れ、原料の値段が高すぎて、牛肉エキスは誰でも買えるものにならなかった。結局、それから15年間はめずらしい食材として少量生産されるだけに留まった。

その頃、ウルグアイで仕事をしていたドイツの若き鉄道技師ゲオルク・クリスティアン・ギーバートが、リービヒの発明を知ったのは1862年だった。ギーバートはリービヒと連絡を取り、(アルゼンチンやブラジル同様)牛肉がとても安いウルグアイで牛肉エキスを生産してはどうかと持ちかけた。ウルグアイで牛肉が安いのは、それが皮革産業から出る副産物だったからだ。また当時は、冷凍船[*4]がなかったので、ヨーロッパや北米の潜在的な市場に肉を輸出することもできなかった。

こうして1865年、ロンドンでリービヒ肉エキス会社(LEMCO)が設立された。工場はウルグアイのフライ・ベントス(「修道士ベネディクト」の意)という町に建てられた。この町の名は、近郊の洞窟で生活していたといわれる17世紀の隠者に由来するものだった。[2] フライ・ベントス工

*2 ただし、この国がいつも善の側に立ってきたわけではないことは指摘しなくてはいけない。1973年から85年までは残酷な軍事独裁の国だった。その間、ホセ・ムヒカ(2010〜15年の大統領)は政治犯として投獄されていた。

*3 これは必ずしもウルグアイの牛肉が世界でいちばんおいしいということではない。個人的には、アルゼンチンの牛肉も、ウルグアイの牛肉と同じぐらいおいしく感じられる。またブラジル牛のランプ肉(ピッカーニャ)もわたしの大好物だ。

*4 冷凍船は1870年に開発されているが、普及したのは20世紀に入ってからだった。

場には、自前のR＆D（研究開発）部門（つまり、科学的な知識を応用して、商品や生産技術を開発する部門）もあった。当時、そのような部門を持っているのは、ふつう、ドイツの化学大手BASF（「片口鰯」参照）のような、科学技術の最先端を行く大企業だけだった。[3] 多くの歴史家のあいだで、のちに世界各地（ヨーロッパ、南米、アフリカ）に進出したLEMCOは、多国籍食品メーカーの先駆けだと見なされている（多国籍企業については「バナナ」参照）。

LEMCOの牛肉エキスには最初、「Lemco」という味も素っ気もない名がつけられた。商品史上最もつまらない名称でありながらも、商品は世界じゅうで大人気を博した。手軽に安く、おいしいブイヨンを作ることができたからだ。ただ、リービヒがはじめに考えていたような栄養を摂ることはできなかった（結局、エキスの抽出の過程で大半の蛋白質と脂肪分が取り除かれるとき、それといっしょにほとんどの栄養分も失われてしまうことがわかった）。[4] 牛肉エキスはその後、さらに便利なものに改良され、1908年、固形タイプとなり、名もOXOと改められた。

牛肉エキスの成功に続き、LEMCOはほどなくまた別の世界的なヒット商品を生み出した。1873年に生産が開始されたコーンビーフの缶詰だ。

コーンビーフ（牛肉の塩漬け）はヨーロッパでは数百年前からある食べ物だった。しかしLEMCOは安い原料と新しい保存技術を用いることで、それをもっと広い世界に届けることを実現した。もともと安かったウルグアイの牛肉は、「しかるべき」レシピに従って胸肉より安い部位を使い、それをミンチにすることで（ミンチにすれば部位の違いも見分けられなくなる）、さらに安くできた。また缶詰にしたことで、コーンビーフの保存可能な日数がはるかに長くなり、遠くの国々に輸出することが可能になった。

ＢＢＣの番組で、世界遺産でもあるフライ・ベントスの施設跡地*5を訪ねた旅行作家シャヒク・メジによると、ＯＸＯのキューブと缶詰のコーンビーフはヨーロッパじゅうで「労働者階級の人たちの基本食になった」という。「それまで肉はそのような階級の人々にとっておいそれと手の出ない贅沢品だった。また安価で、長持ちし、なおかつ携行しやすい糧食として、ボーア戦争での英兵や、第一次世界大戦での英独の部隊、さらにはロバート・ファルコン・スコットやアーネスト・シャクルトンといった極地探検家によって利用された」(5)。

その後、第二次世界大戦の際には、銃後でも前線でも、英国民にとってコーンビーフが蛋白質源として重要な役割を果たした。いわゆる大西洋の戦いが最も激化した１９４２年４月から９月にかけ、米国から英国（とソ連）へ食料を運ぶ船が次々とドイツ軍の潜水艦に撃沈されていたとき（英軍が解読不能とされたドイツ海軍の暗号を解読するまで、撃沈は続いた）、英国の肉の配給の７分の

＊５　１９２４年、ＬＥＭＣＯは英ヴェスティ・グループの傘下に入り、フィゴリフィコ・アングロ・デル・ウルグアイ（略称エル・アングロ）と改称した。この改称は、その頃には冷凍や冷蔵の牛肉を多く輸出するようになっていたことを反映していた（「フィゴリフィコ」はスペイン語で「冷蔵庫」の意）。エル・アングロは１９６０年代まで食品業界で世界大手の地位を維持したが、その後、衰退した。工場、研究所、事務所、居住区からなるエル・アングロの複合施設は１９７９年に閉鎖され、２０１５年、ＵＮＥＳＣＯの文化遺産に登録された。

1を占めたのはコーンビーフだった。(6)

反穀物法同盟

コーンビーフは「コーン」といっても、とうもろこしが入っているからそう呼ばれるわけではない。コーン(corn)という語は現在では、「とうもろこし(maize)」という意味で使われることが多いが、そのような意味で使われ始めたのは比較的最近のことで、もとは米語の用法だった。古い英語の用法では、コーンは穀物の「粒」全般を意味していた。*6 コーンビーフという名がつけられたのは、塩漬けにコーン(つまり、粒)状の塩が使われていたからだ。ただ、最近は粒状の塩よりも塩水が使われるのがふつうになっている。

こういわれれば、たいていの英国人は自分がコーンの古い用法に頻繁に接していることに気づくだろう。多くの町には、コーン・エクスチェンジ(Corn Exchange)と呼ばれる建物がある。これは昔、穀物の取り引きが行われていた場所だ。米国ではそのような建物はグレイン・エクスチェンジ(Grain Exchange)と呼ばれる。またほとんどの英国人は中学のとき、歴史の授業でコーン・ロー(穀物法)について習ったはずだ。

穀物法は1815年、国内の穀物農家を保護するために制定された。これにより外国の安い穀物に高い関税がかけられたり、その輸入が禁止されたりした。穀物法は15世紀以降、何度も導入されている法律だが、1815年の穀物法はとりわけ評判が悪かった。折しも産業革命の黎明期で、製造業が急速に拡大し、それに伴って都市の人口が激増しているときだったからだ。お金を払って穀物を買わなくてはならない都市の住人（工場労働者、事務員、商店主、資本家）にとって、穀物法は唾棄すべきものだった。

批判する者にいわせれば、穀物法がなければ、英国は安い外国の穀物を輸入でき、都市に住む人々（と、農業労働者など、食べ物を買わなくてはならない農村の多くの人々）の食費を安くすることができた。食べ物が安ければ、資本家は従業員に支払う給料を安くできる分、より多くの利益を上げられるので、製造業への投資を増やすことができ、それによって国はますます繁栄する。そういういい循環が起これば、たとえ地主の小作料収入とか、穀物を栽培する農業資本家の利益とかがいくらか減ったとしても、国全体は豊かになると、穀物法に反対する者たちは論じた。

有名な反穀物法同盟は1838年、リチャード・コブデンとジョン・ブライトというふたりの国会議員によって設立された。このふたりは、自由化に邁進《まいしん》したことで知られる英国の元首相

＊6　「コーン（corn）」の意味の変遷は、いくらか大きな混乱を引き起こすこともある。18世紀の小説『ロビンソン・クルーソー』のある挿絵では（インターネットでも見られる）、クルーソーが「コーン」を植えるという話をしている場面で、整然と植えられたとうもろこしの列が描かれている。しかしここでクルーソーが話しているのは、実際は米や大麦のことなのだ（ロビンソン・クルーソーの食事については「ココナッツ」参照）。

マーガレット・サッチャーが崇敬していた政治家でもある。[7] 反穀物法同盟は、産業革命の進展とともに数と力を増していた非農業勢力に支えられ、効果的に運動を展開して、1846年、穀物法の撤廃を実現させた。[8]

でたらめ自由貿易「起源」説

穀物法の撤廃は「産業と貿易に課された政府の規制との戦い」における「最終的な勝利」だったと、自由市場派の経済学者ミルトン・フリードマンは大きな反響を呼んだ著書『選択の自由』(妻ローズとの共著)の中で述べている。フリードマン夫妻によれば、この撤廃は「第一次世界大戦勃発まで4分の3世紀にわたって続いた完全自由貿易の発端となるとともに、数十年前から始まっていた小さな政府への移行を完成させた」という。[9]

資本主義の歴史についての一般的な見方では、英国主導の自由貿易と自由な資本の移動にもとづいたこの「リベラル(自由)な」国際経済秩序が、世界全体に史上空前の繁栄の時代をもたらしたとされる。そしてその繁栄は残念なことに、2度の世界大戦と大恐慌で生じた政治と経済の混乱によって壊されたのだ、と。[10]

しかし、似たようなほかの話と同じで、この自由貿易の「起源」にまつわる話も、誤りや作り話だらけだ。フリードマンが非生産的とけなす「産業と貿易に課された政府の規制」のおかげで、英国の製造部門が世界の覇権を握れたことや、そのあとで英国が自由貿易に舵を切ったことは触れられていない（「えび」参照）。[*7] また、英国が穀物法の撤廃で自由貿易に完全に移行したわけではない「細かい事情」も、無視されている。英国は実際には、1848年の時点でも、1100品目以上に関税をかけていた（それも多くは高い関税だ）。英国がほんとうに自由貿易国の名に値する国になったのは、関税を課す品目数が50を下回った1860年のことだった。(11)

たとえこれらの「不都合な真実」には、ひとまず見て見ぬふりをしたとしても、自由貿易の創世神話には、見紛うことなき大きな誤りがある。それは世界で初めて自由貿易を行ったのは、実際には英国ではないということだ。その栄誉をほんとうに受けるべきは、英国より数十年早く、1810年代から30年代にかけて自由貿易政策を実施した南米の国々でなくてはならない。(12)

南米諸国は自由貿易の草分けだった。ただ、その「自由」貿易はけっして「自由に」選び取ったものではなかった。19世紀初頭の数十年のあいだにスペインやポルトガルから独立を果たした南米の国々は、すぐ、英国をはじめとするヨーロッパの列強からいわゆる「不平等条約」の締結を無理強いされた。その条約のさまざまな条項の中には、「関税自主権」（自国の輸入品に課す関税率を決める権利）を奪うことで、弱い国々に自由貿易を強いる条項が含まれていた。[*8] 認められた関

＊7　1860年、英国の製造業生産高は世界の20％を占めた。1870年には、全世界の工業製品の貿易額で英国が占める比率は46％にのぼった。

税率は一律5％、場合によっては3％と著しく低かった。これは南米諸国の政府にある程度の収入を得させる一方で、貿易の流れには影響が出ないようにするためだった。

1830年代以降、独立を保っていたほかの弱小国――トルコ（オスマン帝国）、タイ（当時はシャムといった）、中国――も次々と不平等条約を締結させられ、自由貿易国の一団に組み込まれた。日本も1853年、米海軍ペリー提督の「砲艦外交」によって開国を迫られ、同じような条約を結んだ。1910年代にそのような条約がすべて失効すると、日本はただちに自由貿易をやめて、工業製品に平均30％の関税をかけ、優位に立つ外国の生産者との競争から国内産業を守ろうとした（「えび」参照）。南米諸国も1870年代から80年代にかけ、不平等条約の失効を機に同じことをした。

19世紀から20世紀初頭まで、強いられた自由貿易が世界じゅうに広がる一方で、ヨーロッパ大陸（オランダとスイス以外）と北米では保護主義が浸透していた(13)。米国はその中でも代表格で、1830年代から第二次世界大戦まで、平均35～50％の関税を工業製品にかけ、その間、ほぼ一貫して世界一の保護主義の国だった。

つまり、フリードマンが「4分の3世紀にわたって続いた完全自由貿易」の時代と呼んだものは、じつはわたしたちがふつうに理解している意味での「自由」貿易の時代ではなかったということだ。自国の貿易政策をみずから決めることができるヨーロッパと北米の十数カ国のうち、自由貿易を行っていたのは、ほんのひと握りの国（英国、オランダ、スイス）だった。ほかの自由貿易国は、みずからの意思ではなく、強制されてそうしているにすぎなかった。不平等条約を結ばされたアジアや南米の弱小国や、ヨーロッパ列強の植民地にされ、宗主国との自由貿易を強いられたアジアやアフリカの国々だ。

貿易における力の不均衡

自由貿易の支持者たちにはうれしいことに、現在の国際貿易制度にはこのような「不自由な自由貿易」という汚点はもはや見られない。不平等条約は1950年までにすべて失効したし、1980年代までには、ある程度以上の人口規模の国がほぼすべて脱植民地化を遂げていた。ただし、植民地支配を受けている地域はいまだに驚くほど多い（およそ60の地域[14]）。何より重要なのは、1995年以来、世界の貿易が世界貿易機関（WTO）によって統括されるようになったことだ。ほかの国際機関では軍事や経済の大国が正式に大きな発言権を持っているが、WTOではそれと違い、すべての加盟国に平等に投票権が与えられている。[*9]

＊8　「さまざまな条項」の中で、最も重要だったのは「治外法権」だ。これは弱小国の法廷には強国の市民を裁く権限がないことを意味していた。弱小国の法制度は、「先進」国の国民を裁けるほどには発達していないというのがその理由だ。この条約にはほかに、強国の個人や企業に天然資源を利用する特権（採掘権や伐採権）を与える条項も含まれていた。

しかしこれらのことは世界の貿易に力の不均衡がないことを意味しない。以前ほどあからさまであったり、乱暴であったりしないだけで、今も強国が力にものをいわせて、自分たちの国益にかなうように国際貿易制度を形作り、管理している。

まず、WTOのルール作りのための最初の交渉で何を議題にするかを決めるのに大きな影響力を行使して、自分たちに都合のいいルールが定められるようにしてきたのは強国だ。例えば、WTOは農業生産者に対しては、製造業者に対してほど貿易保護や助成に関する規制を多く課していない。その理由を推測するのはむずかしくないだろう。富裕国は農業が相対的に弱く、貧しい国は製造業が相対的に弱いからだ。あるいは、各国政府が国内の多国籍企業の活動に規制を課すことに関し、政府の権限を制限しているWTOのルールもある。そのルールでは、「現地調達率規制」(海外進出企業に一定割合以上、現地産品を使うよう義務づける規制)の導入は禁止されている(「バナナ」「麺」参照)。多国籍企業はたいてい富裕国の企業なので、これは明らかに富裕国に都合がいいルールだ。これらの例からわかるように、すべての国が同じWTOのルールを守っても、結局、得をするのは大国ということになる。ルールの中身がすでに大国に有利なものにされているからだ。

そのうえ、明文化されたルールと、それがどのように適用されるかは別のことという場合もある。例えば、WTOの関税に関するルールは、じつは途上国に有利になっていて、途上国には高関税の賦課が認められている。ところが途上国はこのルールから思うように恩恵を受けられない。

富裕国が自分たちの持つ力を使って、途上国に関税の許容限度を十分に利用させないようにしているからだ。しばしば用いられるのは、財力という力だ。富裕国は途上国への財政支援に、貿易の自由化という条件をつけている。いわゆる二国間援助もそうだし、富裕国の支配下にある世界銀行や国際通貨基金（ＩＭＦ）といった国際金融機関による融資もそうだ。あるいは学術界やメディア、政策シンクタンクといった「ソフトパワー」（しかつめらしくいえば、「観念的影響力」）を使って、途上国に自由貿易の利点を説き、受け入れさせようともしている。

その結果、途上国が現在工業製品に課している関税率は平均で10％に留まる。ＷＴＯのルールでは20％や30％、国によってはそれ以上の関税率が認められているのにだ。ここには力が単に、相手に意に反することをさせるだけのものではないことが示されている。力は相手に、罰則を恐れさせたり、自分の利益にならないと思い込ませたりして、自分の利益になることをするのを思い留まらせるのにも使われる。

＊9　国際連合では、安全保障理事会の常任理事国5カ国（米国、英国、フランス、ロシア、中国）が拒否権を持っている。世界銀行と国際通貨基金（ＩＭＦ）では、投票権が1国1票ではなく、出資額に比例して決まる仕組みなので、おのずと富裕国の力が強くなる。その結果、富裕国が投票権の過半数を握っており、85％の賛成票が必要とされる議決においては、18％の投票権を持つ米国に事実上の拒否権がある。

牛の惑星――「自由」とは何か

牛肉を無上のご馳走と感じる人間の味覚と、保存技術の発達（エキス、缶詰、冷凍）とが相まって、過去150年のあいだに世界じゅうに牛肉食が広がった。

この牛肉食の普及の結果、舌鋒鋭い環境科学者バーツラフ・シュミルにいわせれば、地球はすっかり「牛の惑星」と化した。*10 肉牛産業は温室効果ガスの排出や、森林伐採や、水の利用によって、環境に過大な負荷をかけている（「えび」「ライム」参照⑮）。わたしたちの食事の中で牛肉が占める位置がこれほどまでに大きくなったことで、もはや牛肉の話抜きには、プラス面であれマイナス面であれ、社会や経済における肉の役割を議論することはできない。

同じように、資本主義とそれに付随する自由市場・自由貿易経済というイデオロギーの台頭の結果、わたしたちが社会や経済について考えるうえで、「自由」という概念が最上位に置かれている。「自由」という言葉がついているものはなんでも、自由貿易も、自由市場も、表現の自由も、報道の自由も、自由の闘士も、みんなよいものと見なされる。逆に、自由に反するものは十把一絡《から》げに、古いとか、抑圧的とか、後ろ向きとかいわれやすい。

しかし、一口に自由といっても、実際にはいろいろな自由がある。そのすべてを等しく、すべての人にとってよいものとして扱うことはできない（「オクラ」参照）。自由貿易における「自由」

とは、結局のところ、貿易に携わる者が相手国の規制（禁輸など）や課税（関税など）を免れるという意味での自由だ。それ以上でもそれ以下でもない。

だから、自由貿易の初期（19世紀から20世紀初頭）に見られたような倒錯した状況が生じる。つまり「自由」貿易を行っているのがもっぱら、植民地政策や不平等条約によって自分たちで自分たちの未来を決める権利を奪われた「不自由」な国々であるという状況だ。現在の（第2期の）自由貿易のように、形式上はすべての国々が平等である状況ですら、自由貿易はすべての国が平等に恩恵にあずかれることを意味しない。強国が自分たちに都合のいいように貿易のルールを定め、運用しているからだ。

世界貿易を特徴づけているこの力の不均衡を理解し、「自由」という言葉に目をくらまされないことで初めて、すべての人にとっていいことであるのは明白だとされている自由貿易を巡って、なぜ国家間にこれほどまで多くの論争や対立があるのかが理解できる。

＊10　シュミルの著書『Numbers Don't Lie』の第４章で紹介されている計算によると、牛の生物体量は人類の１・５倍、象の２００倍だという。

第9章　バナナ

「バナナ共和国」が意味する暗い現実

チャン家式エルビスサンド（米国）
ピーナツバター、バナナのスライス、蜂蜜を具材とするホットサンドイッチ

その料理を発明した（とされる）人物の名を冠されている料理は多い。東坡肉（トンポーロー）、シーザーサラダ、ナチョスなどがそうだ。[*1] あるいは、その料理が捧げられている人物の名がついた料理もめずらしくない。ビーフ・ウェリントン、ピザ・マルゲリータ、ピーチ・メルバなどだ。[*2]

バナナをどう食べるか

しかし単にその料理が好きだったという人物にちなんだ名で呼ばれる料理がひとつある。エルビスサンドだ。エルビスサンド（単にエルビスともいわれる）は、バナナとピーナツバターのサンド

イッチで（必ずではないが、たいていはベーコンが挟まれ、ときに蜂蜜やジャムが塗られている）、「キング」と称される米国の伝説的ロックシンガー、エルビス・プレスリーの大好物だった。プレスリーはいつもそれを食べていたといわれ、人々はいつしかそれをエルビスサンドと呼ぶようになった。

これはわたしもキングと同じだ。ピーナツバターとバナナのサンドイッチに軽く蜂蜜を塗ったものが妻の定番の朝食で、わたしもよくいっしょに食べている。甘くてクリーミーなバナナと、香ばしく、ほのかな塩味があるピーナツバターとの組み合わせは、たまらなくおいしい。

サンドイッチの具材にするというのは、バナナの食べ方としてちょっと変わってはいる。確かに菓子（バナナブレッドやバナナマフィンなど）やデザート（バナナスプリットやバナナパイなど）の材料としてバナナが使われることはある。しかしバナナの最も一般的な食べ方といえば、やはり、りんごやいちごと同じように果物としてそのまま食べるか、シリアルやヨーグルトやアイスクリームに載せて食べるかのどちらかだろう。

しかしそれはあくまでバナナを生産していない国での話だ。全世界のバナナの85％は生産国（南

＊1　順に、11世紀の中国北宋の詩人、蘇東坡、20世紀初頭のイタリア出身の米国のシェフ、シーザー・カルディーニ、20世紀半ばのメキシコのシェフ、イグナシオ・〝ナチョ〟・アナヤ。

＊2　順に、初代ウェリントン公爵アーサー・ウェルズリー（ワーテルローの戦いでナポレオンを打ち破った英国の将軍）、19世紀後半のイタリア王国の王妃マルゲリータ、19世紀末のオーストラリアのソプラノ歌手、ネリー・メルバ。

アジア、東南アジア、アフリカ、南米、カリブ海）で消費されている。[1] それらの地域では、バナナは、もちろん果物としても食べられているが、それ以上に調理して食べられている。料理の炭水化物成分として（茹でる、蒸す、揚げる、網焼きにする、焼くなど）、または軽食の野菜としてだ（特に南インド）。調理されるバナナはいわゆる「調理用バナナ」（プランテン）だけではない。甘い種類である「デザート用バナナ」（バナナ生産国以外の地域で単にバナナと呼ばれているバナナ。輸出されるバナナの95％を占める）[2]*3も調理される。

この2種類のバナナは品種が違うだけで同一の種であり、バナナの生産国の人々のあいだでは特に区別されていないことが多い。[3] アフリカの多くの国では、バナナからビールも作られている。ウガンダや、ルワンダや、カメルーンといった国の農村部では、バナナが1日のカロリー摂取量の25％を占めていることもある。[4]

バナナはどこから来たのか

バナナは東南アジアが原産の植物で、栽培が始まったのは数千年前だと考えられている。[5] 栽培化の過程で、食べられる部分を増やそうとして種子のない変異体が選ばれた結果、自然には子孫を残せなくなった。栽培化されたバナナを増やすには、人間の助けが必要だ。「成熟した株の地下茎（球茎）から出た芽（吸芽《きゅうが》）を切り取って、移し植え」なくてはならない。[6] そのようにして増えたバナナは、当然ながら、すべて同じ遺伝子を持つことになる。[*4]
バナナがインド洋を渡って、アフリカに達したのは紀元前2000年から後1000年までのいつかだと考えられている（あまりに時間の幅が広いが、こういうことはそういうものなのだ）[7]。だから、1470年代に最初のヨーロッパ人（ポルトガル人）がサハラ砂漠以南のアフリカを訪れたときには、

＊3　世界には1000種類以上のバナナの品種があるが、輸出されているバナナ（世界で生産されている全バナナのおよそ半分）はほぼすべて（95％）、キャベンディッシュという品種だ。この品種は1830年代半ばに開発されたもので、その名は第6代デボンシャー公爵ウィリアム・キャベンディッシュに由来する。といっても開発したのは、本人ではなく、公爵家の庭師長でその友人であるジョセフ・パクストンだ。パクストンはキャベンディッシュ家の公爵領ダービーシャーにある同家の邸宅「チャッツワース・ハウス」の温室で開発に取り組んだことから、公爵に敬意を表して、新品種にMusa cavendishii（Musaはさまざまなバナナの種を含む属名）という名をつけたのだった（なぜデボンシャー公爵の領地がデボンシャーではなく、ダービーシャーにあるのかは謎だ。英国の貴族の世界には奇妙なことや不可解なことが多すぎて、疑問を抱き始めると切りがない）。

＊4　これはバナナがほかの作物に比べ、遺伝子的に均質化するのがとても速いことを意味する。特に、利益が追求される商業環境ではなおさらそうだ。しかし、その結果、遺伝子プールが小さくなるぶん、病気には対処しづらくなる。現在、菌類が原因の「パナマ病」と呼ばれる枯死病が猛威を振るっており、バナナの95％を占めるキャベンディッシュ種の絶滅が危惧されている。バナナ産業がそのような状況に追い込まれたのは、利益を追い求めるあまり、遺伝子の多様性を失わせるという過ちを繰り返してしまったせいだ。キャベンディッシュ種自体、1950年代にパナマ病で全滅したグロスミシェル種に代わって登場した品種だった。グロスミシェル種もそれまではやはり市場を独占していた（ちなみに、そのときのパナマ病の病原体はＴＲ1、現在のものはＴＲ4。ＴＲはTropical Raceの略）。

アフリカの西海岸では遅くとも数百年前から、早ければ1000年以上前からバナナが自生していた。「バナナ」という呼び名はポルトガル人が中西部アフリカのバンツー語をもとにつけたものらしい。[8] しかし皮肉にも、ヨーロッパ人が初めてバナナと出会ったのは、バナナの故郷東南アジアにおいてで、1521年のことだった。すなわち、ポルトガルの航海者フェルディナンド・マゼランが太平洋に到達したあの有名な航海のときだ。[9]

ポルトガル人はマデイラ諸島やカナリア諸島（1479年までポルトガルが一部を領有）では、アフリカ人奴隷にバナナを食べさせて、砂糖を作らせていた。米国にアフリカ人を奴隷として送り始めたときには、米とバナナ（特に調理用バナナ）を奴隷船に詰め込んだ奴隷たちの主食にした。プランテーションでは、奴隷たちは自分たちに与えられた狭い土地でバナナを栽培し、粗末な配給食の足しにするよう促された。気候がバナナに適していれば、バナナは一年じゅう育ち、しかも収穫量がきわめて多かった。最低限の労力を投じるだけで、1エーカー当たり9万キロのバナナが収穫できた。これはヤム芋の10倍、ジャガ芋の100倍だ。[10] したがって、奴隷にできるだけ余計な時間を使わせたくない奴隷の所有者にとっては、理想的な作物だった。

巨大化したバナナ企業

バナナは当初、奴隷の労働力にもとづいたプランテーション経済を支える歯車としてアメリカ大陸にもたらされたが、数世紀後には、南北アメリカの数多くの国々の輸出経済を支えるエンジンになった。

19世紀末、鉄道や蒸気船、冷蔵技術のおかげで、傷みやすい農作物も遠く離れた国々に輸出することがしだいに可能になってきた（「ライ麦」「オクラ」「牛肉」参照）。特にこの進歩の恩恵を受けたのが、バナナだった。バナナは腐りやすかったことから、19世紀末までは、米国ですら少量しか売られていない高価な果物だった。米国への大規模なバナナの輸出が可能になったことで、ユナイテッド・フルーツ（現チキータ）や、そのライバル企業スタンダード・フルーツ（現ドール）をはじめ、米国企業はこぞってカリブ海（キューバ、ドミニカ共和国、ハイチ）や、中央アメリカ（特にホンジュラス、コスタリカ、ニカラグア、パナマ、グアテマラ）や、南米北部（現在、世界最大のバナナ輸出国であるコロンビア、エクアドル）にバナナのプランテーションを設立した。

それらの国々の経済はほどなく米国のバナナ企業に支配されることとなった。例えば、ホンジュラスでは、鉄道、電灯、郵便、電信、電話がユナイテッド・フルーツとスタンダード・フルーツの管轄下に置かれた[11]。1930年代のグアテマラでは、ユナイテッド・フルーツが「国内最大の地主、雇用主、輸出業者にして、国内のほぼすべての鉄道の所有者になった[12]」。バナナに依存した国々の人々はそんな米国のバナナ企業を「エル・プルポ」、つまり「たこ」と呼んだ。自国経済のあらゆる面をがっちりと掴まれ、逃れることができなかったからだ[13]。

当然ながら、各国の経済を掌握したバナナ企業の絶大な影響力は、その国の政治にも及んだ。

バナナ企業は自前の税関や警察すら持ち、その商売はその国の管轄権の外に置かれた。政治家は買収されて、「経済重視」の政策を約束させられた。バナナ企業の利益に反することを企てる政府があれば（例えば、極端に低い税率をかなり低い税率にまで引き上げるとか、バナナ企業に未使用の土地を売却させるとか、労働者の権利をわずかに強くするとか）、バナナ企業の支援を受けたクーデターが起こされた。フィリバスター（「海賊」を意味するオランダ語に由来）と呼ばれる米国の傭兵がそのクーデターに参加することもあった。20世紀の前半を通じ、それらの国には頻繁に、米国の企業、とりわけバナナ企業の利益を守るため、米国から海兵隊が送り込まれもした。(14)

バナナ共和国

米国のバナナ企業がさらに悪名を馳せたのは、コロンビアでのいわゆるバナナ大虐殺だ。1928年の秋、ユナイテッド・フルーツの労働者がストライキを起こして、今日であればごく当然と見なされるような要求をした。すなわち、トイレと医療設備を設置すること、賃金を値が張る自社の売店でしか使えないクーポンではなく、現金で支払うこと、労働者を貧弱な労働法で定められている最低限の保護すらも受けられない下請け業者としてでなく、従業員として扱うことだ。(15)*5

ストライキが長引くようなら軍事介入すると脅す米国政府の圧力にさらされ（周囲の国々の経験

を見れば、それが単なる脅しでないことは明らかだった）、コロンビア政府は12月6日、武力でストライキを鎮圧する行動に出た。これにより、バナナの町シエナガでストライキに参加していた労働者が多数射殺された（その数は議論されているが、47人とも2000人ともいわれる）[16]。

このバナナ大虐殺はノーベル文学賞を受賞したコロンビアの小説家ガブリエル・ガルシア・マルケスの手によって、名作『百年の孤独』（わたしの愛読書のひとつ）の中で永遠に人類の集合的記憶に刻み込まれることになった。その小説の中で描かれるこの事件では、3000人以上の労働者が殺されて、その遺体が鉄道の貨車でマコンド（小説中の架空の町）のバナナプランテーションから運び出され、虐殺の証拠がすべて隠滅される。

19世紀末から20世紀半ばまで、米国のバナナ企業のこのような過酷な支配下に置かれた中央アメリカや南米北部の国々は、「バナナ共和国」と呼ばれるようになった。この呼び名が最初に使われたのは、米国の短編小説作家O・ヘンリー（本名ウィリアム・シドニー・ポーター）の1904年の短編「提督」においてだ。アンチュラというホンジュラスがモデルの架空の国を舞台とするその短編で、O・ヘンリーは財政的にも組織的にもみじめな状態にある政府を描き、アンチュラを「バナナ共和国」と呼んだ（作家自身が1897年にホンジュラスで流浪生活を送っている）[17]。およそ半世紀後の1950年には、チリの詩人でノーベル文学賞受賞者であるパブロ・ネルーダが、「ユナ

＊5　ギグエコノミーの起源はシリコンバレーではなかったのだ。

イテッド・フルーツ・カンパニー」という詩の中で「バナナ共和国」のことを語り、さらにこの呼び名が広く知られるようになった。

現在の米国やそのほかの富裕国では、「バナナ共和国《リパブリック》」という言葉は服のブランド名としてしか知らない人がほとんどだ。しかし、もともとは貧しい途上国が富裕国の大企業に専制的な支配を受けるという暗い現実をいい表した言葉だった。それを服のブランド名に使うのは、よくいえば無知であり、はっきりいえば侮辱だ。豆を挽《ひ》く流行のカフェを「悪魔の粉挽き」と呼んだり、高級サングラス店を「暗黒大陸」と名づけたりするようなものではないか。

多国籍企業の受け入れ

この「バナナ共和国」の事例に示されているように、数多くの国で事業を営む富裕国の有力企業、いわゆる多国籍企業は、その投資を受ける現地の経済に対して負の影響をもたらすことがある。しかし、多国籍企業を悪者とばかり見なすべきでもない。多国籍企業が現地の経済に多大な恩恵をもたらすこともあるからだ。

経済的に遅れた国は多国籍企業を受け入れることで、自力では夢のまた夢であったような新しい産業を立ち上げられる。例えば、1998年、インテルが「バナナ共和国」のひとつだったコスタリカでマイクロチップの工場を開設し、半導体産業を興したときがそうだった。[18] あるいは、フェアチャイルドやモトローラといった世界で最初の半導体企業が１９６０年代半ば、韓国で工場を開いたときもそうだ。韓国は今では半導体産業の大国だが、当時は、輸入部品を使ったトランジスタラジオの製造が最先端産業であるような貧しい国だった。[19]

現地の経済にもとからある産業であっても、多国籍企業から優れた技術や新しい経営手法を吸収できることがある。直接的にはそれは、受け入れ国の人が多国籍企業の子会社でマネジャーや、エンジニアや、労働者として働いたのち、自国の企業に移ったり、自分で事業を興したりして、新しい知識を生かすような場合だ。間接的なこともある。例えば、多国籍企業に製品を供給する現地企業が、多国籍企業から要求される高い技術や品質の水準を満たそうと、多国籍企業の技術指導もときに受けながら、努力し成長するような場合だ。

したがって、途上国が多国籍企業を受け入れることには、大きなメリットがありうる。そのメリットを引き合いに出して、多くのビジネスリーダーや、経済学者や、国際機関（世界銀行やＷＴＯ）が途上国に対し、多国籍企業の進出を歓迎すべきだと勧めている。やれ多国籍企業には減税や免税措置を講じるべきだ、やれ規制は控えめにするべきだ、やれ国内の規制、特に労働力や環境に関する規制は免除するべきだ、と。アイルランドとシンガポールは、多国籍企業からの投資、いわゆる海外直接投資（ＦＤＩ）を積極的に受け入れることで繁栄を遂げた成功例として、しばしば紹介されている。

企業受け入れのメリットはどこに

しかし問題は、多国籍企業を受け入れることの潜在的なメリットが、あくまで「潜在的な」ものであるという点だ。それを現実のものとするには、多国籍企業に適切な振る舞いをさせるための国の政策が必要になる。

途上国の技能レベルは相対的に低いので、多国籍企業は経営職でも技術職でも、要職の人材を雇うときには、国際労働市場から人材を得ようとする。その結果、現地の人々は多国籍企業に雇われても、単純な仕事しかさせてもらえず、高度な知識を吸収する機会に恵まれない。場合によっては、政治的な理由から、単純な仕事にも多国籍企業の本国の労働者が雇われることがある。例えば、中国の建設会社がそうだ。多国籍企業は現地企業の生産性の低さをいやがって、資材についても、本国や、すでに供給網が確立されているほかの国のサプライヤーから調達したがる。わざわざ指導を必要とする現地の企業を何社も試して、希望にかなう調達先を探そうとはしない。

その結果、多国籍企業の受け入れ国には、国内に経済的な「飛び地（エンクレーブ）」が生まれることになる。飛び地では、多国籍企業の子会社が現地の安い労働力を使って、仕上げの組み立て（俗に「ねじ締め」と呼ばれる）だけを行っている。そこで使われる資材はほぼすべて輸入品で、現地で調達されるものはほとんどない。そのような場合でも、短期的なメリットはいくらかあるかもしれない（労働者に支払われる賃金や、現地企業から調達されるローテクの資材など）。しかし多国籍企業を受け入れることの本来のメリット（技術移転や、優れた経営ノウハウの吸収や、労働者や技術者の技能の向上）はほとんど得られない。

この飛び地経済の最も顕著な例は、フィリピンだ。フィリピンは一面では、文句なしに世界一のハイテク国といえる。世界銀行のデータによれば、同国の製造業の輸出額に占めるハイテク製品（主に電子機器）の割合は60％で、堂々の世界一だ（米国は約20％、韓国ですら35％）[20]。それほどまでにハイテク国でありながら、フィリピンのひとり当たりの国民所得は約3500ドルしかない。この数字は米国の約6万ドルはもちろん、韓国の約3万ドルと比べても著しく低い。なぜそんなことになるかといえば、フィリピンが輸出している電子機器はすべて、飛び地経済で「ねじ締め」業を営む多国籍企業によって生産されているからだ。フィリピンは極端な例だが、途上国に進出した多国籍企業の子会社は往々にして、飛び地の「ねじ締め」業者になってしまう。

したがって当然、多くの政府はその受け入れから最大限のメリットを得るため、多国籍企業に規制を課した。例えば、多国籍企業の持ち株比率を制限して、多国籍企業が自国の企業と合弁で事業をしなくてはならないようにした。そうすることで、自国の企業が外国の優れた企業から学ぶチャンスを格段に増やせたからだ。

基幹産業では、自国企業が交渉で優位に立てるよう、多国籍企業の持ち株比率を50％未満に抑えた。多国籍企業に子会社への技術移転を義務づけたり、子会社に課すライセンス料に上限を設けたりもした。現地の人間を一定割合以上雇うことや、雇った人間を育成することを義務づけたりした場合もある。多国籍企業による投資の間接的なメリットを最大化するため、資材の一定割合以上を現地のサプライヤーから調達することも義務づけた。いわゆる現地調達率規制だ。このような政策を積極的に導入して、成功を収めたのは、第二次世界大戦後から1980年代にかけての日本、韓国、台湾、フィンランドだった[21]。

中でも興味深いのは、韓国と台湾の事例だ。多国籍企業を誘致するため、この2国は最初、税の優遇措置や、国内の労働法（もともとたいして整備されていなかった）の一部をハイテク以外の部門（衣料、ぬいぐるみ、靴など）で停止することを申し出た。しかし、電子機器や自動車といったハイテク産業への直接投資に対しては、現在の主流の考え方に反し、あらゆる規制を課して、多国籍企業から技術やノウハウを手に入れられるだけ手に入れようとした。このような政策のおかげで、今の韓国と台湾には、自国生まれの世界的な多国籍企業がある。半導体製造のサムスン（韓国）とTSMC（台湾）、ディスプレイのLG（韓国）、自動車の現代自動車と起亜（韓国）だ（「麺」参照）。中国も過去数十年似たことをしているが、韓国や台湾のように法制度を使って知識移転を図るのではなく、国内の巨大市場（世界じゅうの多国籍企業の垂涎《すいぜん》の的だ）を背景に、各多国籍企業との個別の交渉を通じて多くの知識移転を進めた。

アイルランドやシンガポールは、多国籍企業に自由に活動させたことで経済的な成功を収めた事例としてよく語られる。しかしその2国の成功でさえ、実際には公共政策による政府の介入のおかげだった（アイルランドはEU加盟国であり、シンガポールは国際貿易の重要な結節点であるという両国の戦略的な位置も助けになった）。

両国は多国籍企業が向こうから勝手にやって来て、したいことをし始めるのをただ待っていたわけではない。電子機器や製薬といったハイテク産業への投資を望む多国籍企業に対し、みずから積極的に働きかけて、オーダーメイドの支援策を提示したのだ。[22] シンガポールの事例では、政府が国内最大の地主としての地位（国土のおよそ90％を所有している）を利用して、立地条件のいい土地を手頃な賃料で貸すことで、高生産性産業の多国籍企業を誘致しようとした。

バナナは世界で最も生産性が高い果物だ。しかしその生産性の高さが間違った使い方をされて、嘆かわしい結果も招いている。はじめはアメリカ大陸でプランテーションの農園主によって、奴隷を最低限のコストで生かしておくために使われた。のちには、カリブ海やその周辺の国々で、労働搾取や、政治腐敗や、軍事侵攻の原因になった。

多国籍企業もそれと同じだ。バナナ同様、その多くは生産性が高い。しかし間違った使い方をされれば、受け入れ国は「バナナ共和国」にまでならなくとも、国内に「飛び地経済」を作ることになる。公共政策によって技術や、労働者のスキルや、経営のノウハウの移転が最大限に行われるようにして初めて、国内の経済が多国籍企業の受け入れのほんとうのメリットを享受できる。

第10章 コカ・コーラ さらば「新自由主義政策」

コカ・コーラ（米国）
みなさん、ご存じのとおり

わたしは日常的にコカ・コーラを飲んでいるわけではない。どんなコーラもふだんはあまり飲まない。

しかし、暑い夏の午後には、そんなわたしにとってすら、冷えたコカ・コーラが最高の飲み物になる。ただし、わたしは瓶や缶から直接は飲まない。はしたないとかそういうことではない。単純に容器が要るのだ。容器ならなんでもいい。ボウルでもかまわない。というのも、わたしはコーラを飲むときには、たとえきんきんに冷えていても、氷を（たくさん）入れたいからなのだ。わたしにはコカ・コーラはそのままでは甘すぎて、どうしても薄めなくては飲めない。

しかし世界の何十億という人は、わたしとは意見が違って、わたしにはどうにも甘すぎるコカ・コーラの味を愛している。2000年代半ばに書かれた文章だが、英国のジャーナリスト、トム・スタンデージによれば、「コカ・コーラ社は200の国や地域で事業を営んでいる。その数は国連の加盟国数より多い。その飲料は今や世界一有名な商品であり、〝コカ・コーラ〟は〝OK〟に次いで、世界で2番めに多くの人が意味を知っている言葉だ」という(1)。

透明なコーラ

米国を代表する商品ともいわれるコカ・コーラは、よきにつけ、悪しきにつけ、米国の資本主義を象徴している。旧ソ連の反体制的な若者たちにとって、それは個人的にも、経済的にも、政治的にも自由のシンボルだった。*1 一方、1980年代までのインドの左派にとっては、米国型資本主義の誤りを体現したものであり、大量消費主義の見本、もっと悪くいえば、商業的利益のために消費者の味覚を操るものとされた。

1977年、インド政府はコカ・コーラ社にインドの企業との合弁事業を拒まれると、コカ・コーラ社の事業認可を取り消した。これは政府によるきわめて象徴的な措置だった。同じように、

＊1　象徴としてのコカ・コーラの重要さを過度にいいたてるつもりはない。コカ・コーラは最も重要な象徴だったといわれるが、リーバイスのジーンズや、マールボロのたばこや、ロックバンドのLPレコードも同じように象徴的な商品だった。

1991年にインドの経済が自由化されると、1993年には早くもコカ・コーラ社がインドに戻ってきたのもやはり象徴的だった。数ある食品の中で、コカ・コーラほど、世界じゅうで政治的な象徴性を強く帯びているものはほかにない。

コカ・コーラの象徴的な地雷をうまく回避してみせた有名な歴史上の人物がひとりいる。第二次世界大戦中、レニングラードとスターリングラードでナチスと戦い、ソ連軍を勝利に導いたゲオルギー・ジューコフ元帥だ。ジューコフ元帥は戦争中、のちに米国の大統領になるドワイト・アイゼンハワー将軍からコカ・コーラをもらって飲み、たちまちその虜になったという。その後、ヨーロッパで占領軍の指揮官を務めていた際（1945年5月~46年6月）、コカ・コーラ社に透明なコカ・コーラを作ってほしいという特別な依頼をした。いやしくもソ連軍の元帥ともあろう者が米国資本主義の精髄を飲んでいる姿を人目にさらすのは、はばかられたのだろう。

カラメル色素を省くことで作られた透明なコカ・コーラは、ブリュッセルで生産されたのち、特徴のない瓶に詰められて、ヨーロッパ司令部の元帥のもとへと届けられた。[2] いかにも史上最高の軍事戦略家にふさわしい策略のエピソードだ。

コーラの実

コカ・コーラは米ジョージア州アトランタのジョン・ペンバートンという人物によって発明さ

れた。[3]１８８５年、ペンバートンはコカの葉とコーラの実とワインを主原料とする「フレンチワイン・コカ」という飲料を売り出した。以前から、アルコールとコカの葉を混ぜ合わせた飲み物はあった。特に人気が高かったのは、ワインにコカの葉を６カ月間浸けたマリアーニ・ワインで、ビクトリア女王やトーマス・エジソンもその愛飲者だった。[4]ペンバートンの新機軸はそこにコーラの実を加えたことにあった。新しい飲料は「心の強壮剤」なる触れ込みで販売された（その具体的な意味はともかく、19世紀の西洋には、心を病む人がおおぜいいたようだ）。

１８８６年、ペンバートンの飲料の主な市場（ジョージア州アトランタとフルトン郡）でアルコールの販売が禁止された。そこでペンバートンはフレンチワイン・コカからアルコール分を取り除いて、代わりに砂糖と柑橘《かんきつ》油を加えた（砂糖を加えたのは、ワインの味がないと主原料であるコカの葉とコーラの実の苦みが強くなりすぎてしまうので、それを隠すためだった）。その結果誕生したノンアルコール飲料は、コカ・コーラと名づけられた。

コカ・コーラは当初、薬局の炭酸水売り場で販売された。おそらく効能への信頼を高めたいという狙いがあったのだろう。当時、炭酸飲料は健康にいいと考えられていた。瓶に詰めて売られるようになったのは、１８９４年だ。これにより遠くまで届けられるようになり、潜在的な市場が大幅に拡大した。１９１０年代半ばには大ヒット商品となり、模造品まで出回った。模造品対策として打ち出した広告スローガンは、「本物を求めよう」だった。[5]１９２０年代に入ると、外国への出荷が始まった。１９３０年代にはついに国民的ブランドと化し、１９３８年、「米国の精髄」と評された[6]。

コカ・コーラという名称は、ペンバートンのビジネスパートナー、フランク・ロビンソンによって考案されたもので、ふたつの主原料名（コカの葉とコーラの実）に由来していた。

コーラの実は西アフリカが原産だ。この実には、カフェインやテオブロミンといった刺激物が含まれている（カフェインの含有量はコーヒーやたいていの紅茶より多い。テオブロミンはチョコレートにも含まれている。「チョコレート」参照[7]）。西アフリカの人々は昔からこの実を噛むことで、気分を高揚させたり、食欲を抑えたりして、「疲れや渇きを感じることなく、長時間活動を続けられる」ようにしてきた[8]。コーラの実を噛むという行為は西アフリカの文化においては、部族の集会や、通過儀礼や、協定の儀式といった場面でも重要な役割を果たしている[9]。また、古い水のまずさを隠すのにも役立つといわれ、アフリカからの奴隷船でも使われた[10]。

２０１６年、コカ・コーラに入っているコーラの実がとうとう合成物質に取って代わられた[11]。これでコカ・コーラも、ベテランロックバンドが長年にわたり、音楽性の不一致やエゴの衝突で何度もメンバー交代を繰り返し、ついに創設メンバーがひとりもいなくなるのと同じ状態になった。同じく創設メンバーだったコカの葉は、コーラの実のカフェインとテオブロミンにさらにコカインを加えるために使われていたが、１００年以上前の20世紀初頭、コカインに中毒性があることが明らかになった時点で、すでに「バンドを脱退」していた[*2]。

ピンクの潮流

コカインは南アメリカ大陸西部原産のコカという低木の葉から採れる。特に、標高の高いアンデス地方では、先住民が昔からコカの葉を噛んだり、お茶として飲んだりし、酸素の薄い環境で肉体作業をするときの苦しさをやわらげたり、空腹をやり過ごしたりするのに使ってきた（コカの葉にはコーラの実と同じように、食欲を抑える働きがある）[12]。そのようなコカの葉の使い方をしている分には、中毒になったり、体を害したりすることはない。またそれ以上に重要なのは、アンデス地方やそのほかのラテンアメリカの先住民族の社会では、西アフリカの人々がコーラの実を噛むのと同じで、コカの葉を噛むことに文化的・宗教的に重要な意味があるということだ[13]。そこにはコカの木を栽培している人もたくさんいる。

ラテンアメリカの国で史上ふたりめの先住民族出身の大統領（ひとりめは、１８５８年から72年までメキシコの大統領を務めたベニート・ファアレス）となったボリビアの元大統領（２００６〜19年）、エボ・モラレスは自身がコカ農家だった。モラレスが政治の世界で頭角を現したのは、１９９０年

＊2　厳密にいえば、コカの葉は今もバンドに留まっている。ただし、幽霊としてだ。コカ・コーラ社はコカインを入れるのをやめて以来、コカ・コーラの風味づけに、コカイン成分が完全に除去された「死んだ」コカの葉を使用している。

代後半から2000年代初頭にかけてボリビア政府が推し進めていたコカ栽培の撲滅に反対する運動を通じてだった。当時のボリビア政府は「麻薬との戦い」を掲げる米国政府から強力な支援を受けていた。

2005年、モラレスはそれまで20年にわたって国民の利益に反する緊縮財政や貿易自由化、規制緩和、民営化を続けてきたいわゆるワシントン・コンセンサス政策への抗議の波に乗って、大統領に選出された。ワシントン・コンセンサスという名で呼ばれるのは、ワシントンに本部を置く経済分野の世界三大有力機関、すなわち米財務省、国際通貨基金（IMF）、世界銀行によって支持されている政策だからだ。

モラレスは大統領に就任するとすぐ、ボリビアの主要輸出産業である天然ガス産業を国有化した。さらに公益事業（電気、水、鉄道）を一部国有化し、採掘業者が（国の鉱物資源の保護者である）政府に支払うロイヤルティー（資源採掘料）を引き上げ、社会保障費を増やした。多くの経済学者のあいだで、このモラレスの改革は国内の経済を破滅させるだろうと予想された。ワシントン・コンセンサスの考えでは、産業の国有化と、外国資本に対する敵対的な措置と、「下方向の」所得の再分配は、経済にとって最悪の政策だった。

しかし結果は懐疑的な見方を覆すものだった。モラレスの政策を考えれば当然の成り行きだが、その任期中に国内の所得格差は大幅に縮まった。*3 しかし同時に、経済成長も目を見張るほど加速した。ワシントン・コンセンサス時代（1982～2005年）にはわずか0・5％だったひとり当たりの国民所得の伸び率が、モラレス時代には3％に達したのだ。
ワシントン・コンセンサスを拒んで、経済を上向かせたラテンアメリカの国はボリビアだけではない。1990年代末から2000年代半ばにかけ、複数の国（アルゼンチン、ブラジル、エクアドル、ウルグアイ、ベネズエラ）で左派や左派寄りの政党が相次いで政権を取った。これは「ピンクの潮流」と呼ばれた。[*4]
どの国もボリビアほどの成果は上げていないが、ピンクの潮流の政権下で、ワシントン・コンセンサスの新自由主義的な政策[*5]の多くは退けられた。困窮者を助ける福祉予算が増やされる一方、国によっては最低賃金が引き上げられたり、労働組合が強化されたりし、労働者が受け取る富の比率が増した。また、貿易の自由化に歯止めをかけて、特定の産業への補助金を増やし、外国資本に対する規制を厳格化した国もあった（「バナナ」参照）。

＊3　世界銀行と国連ラテンアメリカ・カリブ経済委員会のデータによると、ボリビアのジニ係数（所得の不平等度を表す代表的な指標。数字が大きいほど、不平等度が大きいことを示す）は、モラレス政権下で0・57から0・48に下がった。このデータの収集と計算ではマテウス・ラブルニに助けてもらった。

＊4　そのときの各国の大統領は以下のとおり。ネストル・キルチネル、クリスティーナ・フェルナンデス・デ・キルチネル（以上アルゼンチン）、ルイス・イナシオ・〝ルーラ〟・ダ・シルバ、ジルマ・ルセフ（以上ブラジル）、ラファエル・コレア（エクアドル）、タバレ・バスケス、ホセ・ムヒカ（以上ウルグアイ）、ウゴ・チャベス、ニコラス・マドゥロ（以上ベネズエラ）。

それらの政策は新自由主義の定説にもとづいた予想を覆して、平等の促進と経済成長の加速の両方を実現させた。例外は、ニコラス・マドゥロ大統領の類例のない失政にあえぐベネズエラだ。ベネズエラの経済は崩壊している。しかし前任者ウゴ・チャベスのもとでは、ピンクの潮流のほかの国々ほど目覚ましくはないが、それまでの新自由主義政策の時代に比べれば、ある程度、経済が回復した。*6

南米の混乱

ピンクの潮流の国々ではすべてがうまくいっていたというわけではない。不平等度は下がったとはいえ、国際的な水準に照らせばまだかなり高かった。もっと問題なのは、ピンクの潮流の国々の政府が、持続的な経済成長の強固な基盤を築くという努力を十分にしなかったことだ。つまり、鉱業や農業といった伝統的な天然資源産業には大きな成長が見込めない中、それに取って代わる高生産性産業を育てようとしなかった（「片口鰯」参照）。

この点に関して、どの国よりもひどい失策を犯したのは、ブラジルだ。〝ルーラ〟（「烏賊《いか》」の意！）・ダ・シルバとジルマ・ルセフの両政権はおおむね自由貿易と新自由主義時代の産業政策を維持したことで、かつては力のあったブラジルの製造業を回復不能なまでに衰えさせてしまった。ピンクの潮流時代が終わったとき、ブラジルは新自由主義時代のピーク時以上に資源輸出への依存を深めていた。[*7]

一次産品への依存を減らさなかったピンクの潮流の国々は、中国の爆発的な成長によって引き起こされていた２０００年代の世界的な商品価格の高騰が終焉を迎えたとき、大打撃を被った。その結果、ニコラス・マドゥロの独裁のもとで社会主義体制のまがいもののような体制に移行していたベネズエラを除き、それらの国々では２０１０年代後半の選挙でことごとく政権が入れ替わり、ボリビアではクーデターで政権が倒された。

といっても、政権の交代は新自由主義的な旧体制の復活にはつながらなかった。アルゼンチン

＊5　新自由主義とは、第一次世界大戦から１９７０年代までのあいだ後退していた19世紀の古典的自由主義のポスト80年代版だ。新旧どちらの自由主義も私有財産の強い保護、市場の規制の最小化、自由貿易、資本の自由な移動を唱えている。ただし新自由主義は、古典的自由主義ほど明確には民主主義に反対していない（古典的自由主義の主張では、民主主義は無産階級による私有財産の破壊、ひいては資本主義の破壊を招くものとされた）。また古典的自由主義と違い、通貨や知識といったものの自由市場には反対している（通貨については、通貨に関する独占権を持った強い中央銀行を支持し、知識については、知的財産権の強い保護を支持している。「にんじん」参照）。

＊6　ワシントン・コンセンサス時代（１９８９〜99年）のベネズエラでは、ひとり当たりの国民所得は停滞していた。それがチャベス政権時代（１９９９〜２０１２年）には、年１・３％上昇した。一方、所得の不平等度は両時代で変わらず、ジニ係数は０・45前後のままだった。データは世界銀行と国連ラテンアメリカ・カリブ経済委員会による。

＊7　ブラジルの製造部門の生産高は１９８０年代末まで国内の総生産高の約30％を占めていたが、ピンクの潮流の終了時点では10％強まで下がっていた。

とボリビアでは、ピンクの潮流の政党が短期間で政権に返り咲いた。[*8] この原稿を書いている現在（2022年の春）、右派の大統領ジャイル・ボルソナロのもとで混乱をきわめたブラジルでも、2022年の大統領選では、ピンクの潮流の政党が勝ち、元大統領のルーラが政界に復帰するだろうと、多くの評論家が予想している。

しかも、2010年代末から2020年代初頭にかけ、ピンクの潮流に加わらなかったラテンアメリカの国でも、左傾化が始まった。メキシコとペルーでは、左派寄りのアンドレス・マヌエル・ロペス・オブラドールとペドロ・カスティジョがそれぞれ2019年と2021年の大統領選で勝利を収めた。2022年6月には、グスタボ・ペトロがコロンビアで初の左派の大統領になった。

中でも最も意義深いのは、2021年12月のチリの大統領選で、拡大戦線（フレンテ・アンプリオ）を代表する元学生活動家、ガブリエル・ボリッチが勝ったことだ。1973年の軍事クーデター以来、チリはラテンアメリカにおいてだけでなく、世界において、新自由主義を先導してきた。1980年代のマーガレット・サッチャーやロナルド・レーガンの新自由主義政策にすら先んじていた（「オクラ」参照）。だから、「新自由主義はチリで生まれた。ならば、チリをその墓場にもしようではないか！」と訴えるボリッチが大統領に選出されたのは、いってみれば（そんなことはあってほしくないが）米国人がコカ・コーラの禁止を訴える人物に票を投じたようなものだった。

新自由主義的なワシントン・コンセンサス政策を拒む動きは、アジアやアフリカの途上国でも見られる。

アジア・アフリカ

アジアでそのような動きが起こっている背景には、そもそもアジアの国々はラテンアメリカ諸国ほどワシントン・コンセンサス政策に厳格に従っていなかったということがある。アジアでは各国の経済がおおむね順調だったおかげで、ワシントンの機関に多額の借金をしなくてはならない国がほとんどなかった。したがって、新自由主義の政策を採用する必要にさほど迫られなかった。加えて、アジアの国の多くは経済政策にイデオロギーを持ち込まなかったので、たとえ新自由主義の政策を採用したとしても、ラテンアメリカ諸国と違い、それが極端な形で実施されることはふつうなかった。

アフリカの国々はラテンアメリカ諸国以上にワシントン・コンセンサス政策に苦しめられていたが、[*9] 表立ってそれを拒むことはむずかしかった。ワシントンの機関からの融資に大きく依存し

＊8　アルゼンチンではアルベルト・フェルナンデスが2019年、1期で政権を奪還した。ボリビアでも、ヘアニネ・アニエスがクーデターで大統領に就任してから1年後、2020年の大統領選でルイス・アルセが勝利を収めた。

ていたせいだ。それでも、10年ほど前から、ワシントン・コンセンサスで提言されているよりももっと国が積極的な役割を果たす必要があるという認識がアフリカ大陸全土に広がってきている。(14)

新自由主義のいきづまり

新自由主義の政策は富裕国でもうまくいっていない。1980年代に新自由主義時代が始まって以来、富裕国では成長が鈍化し、不平等が拡大し、金融危機が頻発している。それ以前のいわゆる「混合経済」時代、つまり政府が市場の抑制と規制にもっと積極的な——新自由主義者にいわせれば、余計な——役割を果たしていた時代のほうが成長率が高く、不平等度が低く、金融危機も少なかった。*10

しかし、新自由主義の政策がほんとうに惨憺《さんたん》たる結果を招いているのは、途上国においてだ。その原因は、途上国で必要とされることとその政策とがまったく合っていなかったことにある。何より、新自由主義の定説では、途上国の経済が発展するためには、保護貿易や、補助金や、外資の規制や、そのほかの政府の支援策を通じて、国内の生産者に「成長」のための「場」を与え、高生産性産業に参入する力を身につけさせる必要があるという事実が否定されている（「えび」「バナナ」参照）。そのうえ、特に1980年代と90年代には、ワシントンの機関による政策提言が、各国の経済状態や社会・政治環境の違いを無視した画一的なものと化した。

コカ・コーラの長い人気に示されているように、商品の成功には顧客の満足が欠かせない。たとえ完全には満足していない（わたしみたいな）顧客が少数はいるにしてもだ。顧客を満足させられないワシントン・コンセンサスの政策パッケージは、かつては途上国の世界を席巻していたが、今や歴史の薄暗がりへと没し去ろうとしている。

＊9　サハラ以南の国々のひとり当たりの国民所得は、1960年代と70年代には、年1・6％成長していたが、1980年から2018年の期間は0・3％しか成長していない。ラテンアメリカでは、同じ時期の成長率はそれぞれ3・1％と0・8％だった。

＊10　拙著『世界経済を破綻させる23の嘘』（徳間書店、2010年）参照。

第4部

ともに生きる

第11章 ライ麦

社会保障制度が発展し続ける理由

ライ麦クラッカーで食べる鯖《さば》のトマトサルサ添え（筆者のオリジナル）
ライ麦クラッカーにトマトサルサ（パセリ、トマト、オリーブ、唐辛子、少量のアンチョビーソース）と焼いた鯖の切り身を載せた料理

1980年代半ば、わたしが英国の大学院への進学を決めると、わたしの両親をはじめ、周りの韓国人は一様に困惑した。当時（今もあまり変わっていないが）、韓国で海外留学といえば、米国と決まっていた。ほかの国へ行く者はまずいなかった。ましてや英国など、論外だった。凋落《ちょうらく》の一途をたどっているように見えるうえ、韓国となんの歴史的なつながりもない国だったのだから（わたしの国は貪欲な目を世界じゅうに向けていた大英帝国にも、無価値と見なされたのだ）。

世界一の推理小説の国へ

わたしが英国で学びたいと思ったのは、韓国の大学で教わった偏狭で専門的な新古典派経済学に幻滅したからだった。当時の英国の経済学部は（残念ながら今はそうではないのだが）、米国の経済学部に比べ、もっと多元的な方針を採っており、ケインズ学派や、マルクス主義や、そのほかの経済学派の教育も行っていた。経済学を幅広く学ぶためには英国のほうがいいだろうとわたしは考えたのだった。

わたしが経済学者にこの理由を話すと、教師からも友人からも、そんなことをしたら職業生命をみずから絶つことになるといわれた（まだ、職業に就いてすらいないときだったのだが）。しかし経済学者以外の人に尋ねられたときには、複雑すぎて理由をきちんと説明できなかった。そこで、あらかじめ決まった答えを用意しておいた。自分は推理小説の大ファンで、英国は世界一の推理小説の国なのだ、と。こちらがそういうと、たいていの人はもうそれ以上問おうとはしなかった。ただ、その顔にはおまえは変人だと書いてあった。

わたしが初めて出会った推理小説は、子どものときに読んだアーサー・コナン・ドイルのシャーロック・ホームズシリーズだった。「赤毛連盟」をはじめ、その短編小説のプロットの巧みさに感嘆する一方、『四人の署名』や『バスカヴィル家の犬』といった長編小説の恐ろしい場面をどきどきしながら読んだ。中学時代には、１００冊以上の推理小説の古典を読破した。モーリス・ルブラン（ルパンシリーズはネットフリックスのドラマ『Lupin／ルパン』で見事によみがえった）、エラリー・クイーン、ジョルジュ・シムノン、レイモンド・チャンドラー、Ｇ・Ｋ・チェスタトンなどだ。

しかし、わたしにとって推理小説の不動の王者といえば、アガサ・クリスティだった。多くの人にとってもそうであることは、20億冊という彼女の小説の発行部数が証明している。長年のあいだには、古典的な謎解きの推理小説だけでなく、もっと幅広く犯罪小説やスパイ小説も好きになり、ジョン・ル・カレ、ジョー・ネスボ、アンドレア・カミッレーリ、フレッド・ヴァルガスといった作家の作品をむさぼり読んだ。しかし半世紀近く経っても、何度となく読み返していても、いまだに『ＡＢＣ殺人事件』にせよ、『オリエント急行の殺人』にせよ、『パディントン発4時50分』にせよ、『そして誰もいなくなった』にせよ、あるいは『五匹の子豚』[*1]にせよ、クリスティ作品の大どんでん返しの仕掛けや物語にはうならされる。

わたしが特に気に入っていたクリスティ作品のひとつに、ミス・マープルが主人公の『ポケットにライ麦を』がある。ミス・マープルは見かけはぱっとしない老嬢だが、鋭い観察眼と、明敏な知性と、人間の心理に対する深い洞察力を持ち合わせた恐るべき探偵だ（ただ、わたしがいちばん好きな探偵は誰かといえば、やはりエルキュール・ポワロになる。尊大でたいへんな理屈屋でありながら情け深く、すてきなひげを生やしたあのベルギー人の探偵だ）。

ストーリーもすばらしいのだが、わたしはまずタイトルに興味を引かれた。これは「6ペンスの唄を歌おう」という童謡の一節から取られたタイトルで（クリスティ作品にはほかにも童謡からタイトルが取られたものがけっこうある）、童謡らしい言葉のナンセンスさはさておき、いったい「ライ麦」とは何なのかと、わたしは気になった。

韓国語ではライ麦は「ホミル」という。文字どおりには、「北方の遊牧民の麦」という意味。「ミル」は麦を意味し、「ホ」は、中央・北アジアの遊牧民に由来すると（ときに間違って）考えられる事物の名に付される接頭辞である。ここで中央・北アジアというのは、満州からモンゴル、チベット、さらにウズベキスタン、トルコまでを含むユーラシア大陸の広大な範囲を指す。だから、ライ麦が小麦に似た何かであることはわかった。しかし具体的にどういうものであるかはさっぱり見当がつかなかった。ライ麦が使われた料理を食べたことはそれまで一度もなかった。

英国に来ると、わたしはいやでもライ麦を食べることになった。愛読書の中でプロットの要の道具として使われていた穀物がどういうものであるのか、知ろうとしなくても知ることになった。わたしが最初に口にしたのは、ライビタというライ麦クラッカーだった。たちまちライ麦の香ばしさとほのかな酸味がやみつきになり、大学院生時代、夜遅くまで勉強するとき、夜食として

＊1　彼女の作品の中では知られていないほうだが、わたしが大好きな作品のひとつ。もっと高く評価されていい作品だ。

しょっちゅう食べた。

そのほかにも、さまざまなライ麦のパンがあった。黒いライ麦パンはドイツの伝統的なパンであるプンパーニッケルに似ていて、わたしにはいくらか硬すぎたが、軽いタイプ、特にキャラウェイの種が入っているものはおいしかった。のちに、フィンランドに行ったときに食べたフィンランドのライ麦クラッカー、とりわけ松の樹皮粉を混ぜたものはわたしの大好物のひとつになった（これはもともとは飢饉《ききん》のときの食べ物だった。フィンランドでは1866～68年にヨーロッパで最後の飢饉が起こっている）。この樹皮粉入りのクラッカーを食べて目を閉じると、自分が今ひんやりした北方林の中に立っているような気がしてくる。

鉄とライ麦の結婚

ライ麦はトルコが原産だが、今では北欧の食事を象徴するものになっている。そのか弱いいとこである小麦とは違って、北方のきびしい自然環境に耐えられる丈夫な穀物だ。世界一のライ麦の消費国はロシアだが、ひとり当たりの消費量ではポーランドがロシアを上回る。ポーランドは世界最大のライ麦の輸出国でもある。しかし世界一のライ麦王国といえば、世界最大の生産国であるドイツだ。その生産量は2位のポーランドと比べて33％も多い。[1] ドイツではライ麦がたいへん重要な位置を占め、歴史でも大きく取り上げられているほどだ。

統一ドイツの初代宰相オットー・フォン・ビスマルクの仲介によって、ドイツ東部、プロイセンの地主貴族層ユンカーと、西部ラインラントに集中する重工業の新興資本家たちとのあいだに結ばれた政治同盟は、「鉄とライ麦の結婚」と呼ばれる。

1879年、ビスマルクは1871年のドイツ統一以来長年組んできた、自由貿易の推進派である国民自由党との協力関係を解消した。そして一方で、政治的に大きな影響力を持つライ麦生産者であるユンカーに、ラインラントの重工業（鉄鋼など）を守るための関税の導入を認めさせ、新たに保守主義勢力の連合を築いた。ドイツの重工業はその頃、優位に立つ英国の生産者との競争に苦しんでいた。またユンカーの協力を得るため、ユンカーにもヨーロッパ市場に押し寄せ始めていた安価な米国産の穀物から国内の穀物を関税で守ることを持ちかけた。当時、米国産の穀物が増えていた背景には、北米のプレーリー（大草原地帯）への移住が進んだことと（米国のテレビドラマ『大草原の小さな家』の時代だ。「オクラ」参照）、鉄道が整備され、プレーリーから東海岸の主要な港へ穀物を運べるようになったことがあった。

「鉄血宰相」の仲介でこのライ麦の生産者と鉄の生産者との同盟が実現したことで、ドイツ経済は飛躍的な発展を遂げた。この同盟により、ドイツの若い重工業（鉄鋼、機械、化学）は防壁の内側で成長する機会を与えられ、ついには英国の主要企業と肩を並べる実力を身につけた。ただし農産物の貿易を自由化した場合に比べると、食品の値段が高くなるという犠牲は伴った（それでも工業化の成功のおかげで、大半の人の所得が増えたので、食品の値段の高さはさほど問題にならなかった）。

社会保障制度の創設

ビスマルクの功績はドイツの重工業を発展させたことだけではなかった。功績はもうひとつあった。その影響はさらに大きく、ドイツの国外にまで及んだ。社会保障制度の創設だ。一般に、社会保障制度というと、「進歩的」な政治勢力、つまり米国のニューディール政策の民主党や、英国の労働党や、北欧の社会民主主義国の政党の所産と思われているが、じつはそうではない。最初に社会保障制度を築いたのは、筋金入りの保守主義者であるビスマルクだったのだ。

1871年、ビスマルクはそれまで数十の小国に分かれていた（18世紀まで遡れば、その数は約300もあった）ドイツの統一を成し遂げるとすぐ、労働災害から労働者を守る保険制度を導入した。保険が適用される労働者は限られ、皆保険というわけではなかったが、これは世界初の労働者の公的保険だった。

1879年、「鉄とライ麦の結婚」で権力基盤を固めたビスマルクは、社会保障制度の推進をさらに加速させ、1883年に公的健康保険、1889年に公的年金制度をそれぞれ導入した。どちらも世界に前例のないことだった。1884年には労災保険の適用対象を労働者全員に拡大した。近代の社会保障制度のもうひとつの要である失業保険の導入では、フランスに先を越されたとはいえ、世界に先駆けて社会保障制度を築いたのはまさにビスマルクの功績だった。*2

最近は社会保障制度の支持者は誰でも社会主義者と呼ばれる傾向にあるが、ビスマルクが社会保障制度を築いたのは、社会主義者だったからではない。1878年から88年まで、ビスマルクは社会主義者鎮圧法を施行して、ドイツ社会主義労働者党（のちのドイツ社会民主党）の活動をきびしく制限していた。しかし同時に、人間の一生につきものの苦難（労働災害や、病気や、老いや、失業など）から労働者を守る措置を講じなければ、労働者は社会主義になびいてしまうという強い危惧も抱いていた。つまりビスマルクが各種の社会保障制度を始めたのは、当時の多くの人々から「社会主義」と思われる制度を設けることで、社会主義の排除を狙った結果だったのだ。

こういう背景があったので、社会主義者の多くは当初、社会保障制度に反対した。特にドイツではそうだった。社会主義者たちの目に社会保障制度は、労働者を「買収」して、労働者による資本主義社会の打倒と社会主義社会の建設を阻む手段と映った。しかし時間の経過とともに、左派内で革命を望む急進派より社会改良主義の穏健派が優勢になり、左派政党も社会保障制度を受け入れ、特に大恐慌以降、積極的にその拡大を目指すようになった。ヨーロッパ諸国の多くの中道右派政党すらも、社会保障制度を重視し始めた。政治的な安定を実現するためには、一般の人々の生活を保障することが不可欠だと気づいたからだった。とりわけソ連圏と全面的に対峙す

＊2　ドイツは1927年に失業保険制度を導入した。その頃には1905年に先鞭をつけたフランスをはじめ、数カ国で失業保険制度が導入されていた。

る状況ではなおさらその必要があった。

社会保障制度の誤解

社会保障制度が誤解されているのは、起源だけではない。中身についても誤解がある。

いちばんよくある誤解は、貧しい人に何か（所得補助や、年金や、住宅手当や、医療費補助や、失業手当など）を「ただで」施すのがその主な機能であるという誤解だ。しかも、その「ただでもらえるもの」の財源は、富裕層が払う税金でまかなわれていると思われている。したがって、貧しい人たちがお金持ちにただで食べさせてもらうのが社会保障制度だと受け止められていて、英国では福祉給付の受け手が「ただ飯食い」などと侮蔑的に呼ばれることがますます増えている。

しかし、福祉給付はただではない。全員がその代価を支払っているのだ。福祉給付の多くの財源になっているのは、ほとんどの納税者が社会保障のために支払っているお金――つまり、年金や失業保険など特定の公的保険制度に充当される税金――だし、大半の人は所得税を払ってもいる。所得の低い人は高い人より税率は低いとしてもだ（一律課税の国に住んでいなければ）。それだけではない。所得税や社会保障費の負担を免除されている最も所得の低い人たちですら、ものを買うときに「間接税」（付加価値税、売上税、関税など）を払っている。[2] それどころか、間接税による負担は、所得の低い人ほど大きい。例えば、英国では2018年の時点で、所得に対する間接

税の負担率は所得上位20％が14％だったのに対し、所得下位20％は27％だった。(3)

こういうことを踏まえるなら、社会保障制度からただでものをもらっている人はひとりもいないといえる。*3「ただ」に見えるとしたら、それは「利用の場面ではただ」だからだ。例えば、英国では、NHS（国民保健サービス）のおかげで、病院ではお金を払わずに診療を受けられる。しかしその診療費はすでに税金や社会保険料という形で支払われているのだ。

社会保障制度は、誰にでも起こりうる不測の事態に備え、全市民が加入する社会保険と見なすほうがいい。そこには下方向への所得の分配という側面もあるが（ただし、税や福祉の制度設計しだいでは必ずしもそうはならない）、それが第一の役割ではない。

社会保障制度で大事なのは、スケールメリットのおかげで、そこに暮らす国民や長期在留者の全員が、低価格で同じ保険に入れるということだ。この長所は、富裕国で唯一、国民皆保険制度を導入していない米国とそのほかの富裕国の医療費を比べるとき、一目瞭然となる。

GDP比で見ると、米国の医療費はほかの富裕国に比べ、最低でも1・4倍、最大では2・5倍も多い（米国では医療費のGDP比が17％であるのに対し、ほかの富裕国では最も高いスイスで12％、最も低いアイルランドで6・8％）。(4) にもかかわらず、富裕国の中でいちばん国民が健康ではないのが

＊3　例外は、従業員には生活費にも満たない賃金しか払わず、社会保障制度に頼った生活をさせる一方、租税回避地に所得を移すことで応分の税金を納めていない企業だ。

米国でもある。つまりGDP比の差以上に、米国では健康のために余計にお金がかかることを意味している。これにはさまざまな説明があるが、[*4]大きな理由のひとつとして、米国では医療制度が細分化されているせいで、統一された医療制度を持つほかの富裕国と違って、規模の経済性を働かせられないということがある。例えば、病院は各病院ごとに（あるいは各グループ病院ごと）に医薬品や医療器具を購入しなくてはならない。したがって国の制度を通じて共同で「大量注文」するのに比べて、購入の単価が高くなる。

あるいは、各保険会社は（利潤を追求する営利企業ゆえ、高い保険料を課すのに加え）、各社で独自に管理システムを持たなければならず、統一されたシステムを使うのに比べコストがかかる。このような「共同化による経費節約」にはあまり魅力を感じないかたもいるかもしれない。しかしみなさんも、グルーポンのような共同購入サービスを利用したことはないだろうか。もしあるなら、あなたもすでに社会保障制度の考え方に賛同しているということだ。

経済的な活力を追求する資本主義には、どうしても不安定さがつきまとう。その不安定さに最も効果的に対処する手段となるのが、社会保障制度だ。しかも社会保障制度は制度設計しだいで、資本主義経済の活力を高めるのにも役立つ。新しい技術や新しい労働スタイルに対する人々の抵抗感をやわらげられるからだ。このことは北欧の国々によって見事に実証されている（「いちご」参照）[(5)]。社会保障制度が1980年代以来、新自由主義から再三批判を浴びながらも、広まり、発展し続けているのは当然の結果だ。[*5]

今、富裕国の人々が安心して暮らせるのは（また繁栄を謳歌《おうか》しているのは）、あの丈夫で慎ましい穀物のおかげだ。ライ麦は今でこそ小麦という有名ないとこの下に見られている。しかしプロイセンの地主貴族たちがライ麦の生産を守ったからこそ、ビスマルクは政治同盟を実現でき、ひいては世界初の社会保障制度を築けたのだ。

＊4　例えば、ほかの富裕国より所得格差の拡大がはげしい分、生活が苦しく、満足な食事ができない人の数が多い。所得格差はまた「社会的地位の不安」も生み出す。リチャード・ウィルキンソンとケイト・ピケットのベストセラー『格差は心を壊す』（東洋経済新報社、２０２０年）によれば、そのような不安は健康に悪影響を及ぼすという。加工食品産業の力が強く、健康によくない食品の摂取量もほかの富裕国より多い。米国の都市部には、生鮮食料品の入手が困難な「食の砂漠」と呼ばれる地域が増えているという問題もある。

＊5　今の富裕国の１９３０年の社会保障費（生活困窮者への所得補助、失業手当、年金、医療費補助、住宅手当が含まれる）は、ＧＤＰ比で1～２％だった。最も高いのはドイツで、４・８％。１９８０年にはそれが平均15・４％まで高まり、現在では（２０１０～16年の期間）、20・８％に達している。

第12章 鶏肉

結果の平等・機会の平等・能力の平等

ハリッサを使ったチキンと野菜のソテー（筆者のオリジナル）
鶏肉、茄子、ズッキーニ、たまねぎを、ハリッサと、オリーブ油と、塩で漬けてから炒める料理

鶏は気の毒だ。誰もまじめに取り合おうとしてくれない。ヒンズー教のように牛を崇める文化はあっても、鶏を崇める文化は聞いたことがない。イスラム教やユダヤ教のように豚を忌み嫌う文化はあるが、鶏を忌み嫌う文化はない。宗教的・文化的理由からではなく、単に味が嫌いで、ある種の肉を食べない人々もいる。例えば、ヒンズー教徒はたいてい豚肉は食べないし、韓国人の多くは羊肉を食べない。ところが、肉を食べる人であれば、誰でも鶏肉は食べる。

鶏肉がこのようにどこでも誰にでも受け入れられているのには、鶏が地味な動物であることも関係しているだろう。鶏はどちらかというと小柄で、従順な動物だ。牛や馬や豚のように体が大きくもないし、羊や山羊のように、向こう見ずで強情っ張りというわけでもない。しかし最大の

理由はやはり、蛋白質源として使い勝手がいいからだろう。鶏肉は味にくせがなく、料理がしやすい。実際、想像しうるありとあらゆる方法で調理されている。

揚げ物（米国南部のフライドチキン、日本の唐揚げ、韓国のヤンニョムチキン）、炒め物（中華料理やタイ料理をはじめ、数々の各国料理）、煮込み（フランスのコック・オ・ヴァン、北アフリカのタジン鍋）、蒸し焼き（ヨーロッパ各国の蒸し焼き料理、南アジアのタンドリーチキン）、あぶり焼き（マレーやタイのサテ、ポルトガルやアフリカのピリピリチキン）、燻製《くんせい》（ジャマイカのジャークチキン）、煮込み（韓国のサムゲタン、ユダヤのチキンスープ）、とにかくなんでもこいだ。わたしは日本のレストランで、鶏肉尽くしのコース料理の一品として、鶏肉の刺身まで食べたことがある。

平等なのか不公平なのか

旅客機の食事でこの「万能」の鶏肉が定番の食材になっているのもふしぎはないだろう。機内では限られた準備スペースでさまざまな人の食の好みやタブーに応じなくてはならない。ロシアの航空会社アエロフロートはソ連時代、この方針を徹底していたようだ。

1980年代末、ケンブリッジの大学院生時代、友人のひとりに、いつもアエロフロートを使ってモスクワ経由で帰国しているインド人がいた。アエロフロートはおよそ考えられる限りどんな面でも（乗り心地でも、運航でも、客室乗務員の態度でも）最悪だったようだが、チケットの値段は他社より格段に安かったので、インド人学生の多くは辛抱強くそれに耐えていた。その友人によれば、機内食で出てくるのは、気味が悪いぐらい真っ白で、鳥肌が立つほど味のない鶏肉ばかりだったという。あるとき、ほかのインド人の乗客が客室乗務員に鶏肉以外の食べ物はないかと尋ねているのが聞こえてきた。どうやらベジタリアンらしかった。乗務員の返事はにべもなかった。「いいえ、ございません。アエロフロートにご搭乗されるかたは全員平等です。当機は社会主義の旅客機です。どなたさまも特別扱い致しません」。

もちろんこの乗務員は、誰もが同じ人間であるのだから、誰もが平等に扱われるべきだというソ連の理念に厳格に従ったまでだ。その理念のもとでは大臣であれ、医者であれ、坑夫であれ、清掃員であれ、すべての人が一律にパンや、砂糖や、ソーセージや、年1足の靴や、そのほかのあらゆるものの配給を受けるべきとされた。特別扱いは許されなかった。*1

しかし、このような方法で平等や公平を追求することには、大きな問題がある。

確かに、人間としての「基本的なニーズ」は誰でも同じだ。わたしたちはみんな、きれいな水や、安全な住居や、栄養のある食べ物を必要とする。この点では、社会主義の原則は、餓死者がいる一方で贅沢三昧の暮らしをする人がいる封建社会や資本主義社会の現実に対して、重要な批判になっている。しかしそのような基本的なニーズがひとたび満たされたら、わたしたちのニーズは急速に多様化し始める。そこですべての人を同列に扱うのは得策ではない。

多くの社会で主食にされているパンの例で考えてみよう。食料不足の時代（ソ連で農業集団化後に起こった1928〜35年の食料不足や、英国で第二次世界大戦後に起こった1946〜48年の食料不足など）には、全員に毎日同じ量のパンを配給するのは公平なことのように思える。しかし、そのパンが酵母を使った白い小麦粉のパンだったら、公平ではなくなる。小麦アレルギーの人や、過越《すぎこし》祭の時期のユダヤ人などのように、そのようなパンを食べられない人がいるからだ。

あるいはトイレの例で考えてもいい。公共施設に設置する男性用のトイレと女性用のトイレの数を同じにするのは、公平なことのように思える。男女の人口はおおむね同じなのだから。しかし現実には、女性のほうがトイレでより多くの時間と空間を必要とするので、これはきわめて不公平といえる。だから映画館や、コンサートホールや、イベント会場で、女性用のトイレに長蛇の列ができてしまうのだ。

つまり、ニーズの違う人々を同列に扱うのは、ベジタリアンに鶏肉を提供するのであれ、小麦アレルギーの人に小麦のパンを提供するのであれ、女性に男性と同じトイレのスペースを提供するのであれ、根本的に不公平であるということだ。相手のニーズに合わせて違う対応をすること

＊1　これは建前で、実際は違った。人によって賃金に差があっただけでなく（資本主義国に比べればその差は小さかったが）、政界のエリートはまさに特別扱いされ、いい家に住めるとか、特別な店で高級品（多くは輸入品）を買えるとか、資本主義国に旅行に行ける（旅行先では、母国の一般の人には手の届かない高価な品を買うなど、贅沢ができた）といった特権を享受していた。

は、アエロフロートの客室乗務員が考えたのと違って、けっして特別扱いではない。むしろそれは公平のために欠かせない条件のひとつだ。機内食にベジタリアンメニューを加える、グルテンフリーのパンを用意する、女性用のトイレの数を増やすといったことは、ベジタリアンや、小麦アレルギーの人や、女性を優遇することにならない。単に、基本的なニーズを満たすという点において、それらの人々をほかの人たちと同等に扱っているだけだ。

自由市場派が考える公平

おもしろいことに、社会主義者とは政治的に正反対の立場の人たち、つまり自由市場派の経済学者たちも、平等や公平については、まったく違う観点ながら、やはり同じように狭い捉え方をしている。

自由市場派の主張では、社会主義制度が行き詰まるのは、経済への貢献度はひとりひとり著しく違うのに、すべての人に等しく報酬を支払うことで（毛沢東時代の中国や、クメール・ルージュ時代のカンボジアのように極端な場合を除き、完全に等しくなることはなかったが）、不平等度を低く抑えようとするからだとされた。

自由市場派にいわせれば、経済に多大な貢献をしているのは発明家や、投資銀行家や、脳外科医や、起業家といった人々だ。それ以外は、相応の役割を果たしている者が大半を占め、一部には最も基本的な仕事にしか向いていない人もいる。そのような社会で、人々の報酬を似たり寄ったりのものにすることで不平等をなくそうとするのは愚の骨頂である。有能な人が貢献度の割に低い(ときにばかばかしいほど安い)報酬しかもらえないのは、不公平というだけでなく、有能な人々から努力や投資や創造の意欲を奪うので、社会にとって有益でもない。そんなことをしても、みんなで平等に貧乏になれるだけだという。

ここから自由市場派は、個人に存分に競争させて、競争の結果を受け入れさせるべきだと主張する。たとえ不平等と批判されるほどの所得差が生じても、気にする必要はない。これが最も生産的で、最も公平な制度なのだ、と。なぜ最も生産的かといえば、自分の力を最大限に発揮しようという意欲がそれによって最も高まるからであり、なぜ最も公平かといえば、経済への貢献度に応じて報酬が決まるからだ、と。

機会の平等

貢献度に応じて報酬を決めるという原則が正当化されるためには、重要な条件がひとつ満たされなくてはならない。それはすべての人に、望みうる最高の仕事を得るチャンスがあるということ、つまり機会が平等に与えられているということだ。

この条件は些細なものではない。過去には、多くの社会で、人々の教育や職業の選択が身分や、性別や、人種や、宗教を理由に公に制限されていた（「どんぐり」参照）。オックスフォード大学とケンブリッジ大学は１８７１年まで非国教徒（カトリック教徒、ユダヤ教徒、クエーカー教徒など）の入学を認めていなかった。また両大学で女性にも学位が授与されるようになったのは、オックスフォード大学では１９２０年、ケンブリッジ大学では１９４８年のことだ。[*2] アパルトヘイト体制下の南アフリカ共和国では、黒人や「カラード」（混血によって生まれた人を指すアパルトヘイトの用語）たちは、資金のきわめて乏しい、学生で溢れかえった非白人向けの大学でしか学ぶことができず、いい仕事に就くことはまず不可能だった。

現在では、そのような公的な差別の大半は廃止されているが、機会の平等を真に実現している国はない。女性は職場で男性と同じ機会を与えられていない。その背景には、女性はたいてい家庭を大事にし、出世を望まないという性差別的な偏見がある。さすがに、女性は劣った性であるという、事実に反した侮辱的な見方はもうないとしてもだ。教育や、労働市場や、職場での人種差別もいまだにあらゆる多民族社会でまかり通っており、能力では劣りながら多数派の人種出身である者のほうが、能力で優りながら少数派の人種出身である者よりも、多くの機会を与えられている。

差別される者がみずから差別を受け入れている部分もある。たいていの社会には「男性的」と一般に思われている分野（例えば、科学や、工学や、経済学など）があって、多くの聡明な女性が、その分野の才能に恵まれていても、自発的にその分野に進むのを避けている。[*3] １９８０年代初頭、わたしが通っていた韓国の大学の経済学部には、女子は全学生約360人中6人しかいなかった。工学部に至っては約1200人中わずか11人だった。[*4] 女子は工学や経済学を専攻できないという決まりはないのに、多くの優秀な女子学生が英文学や心理学といった「女性的」な分野を選んでいた。そのような分野のほうが女子に合っているという社会通念に縛られていたせいだ。[*5]

このように、一部の人たちが仕事の能力とはなんら関係のない理由（性別や、宗教や、人種）で、仕事に就くための競争にすら参加できないのだとしたら、その社会における競争の結果は最も生

＊2　非国教徒がオックスフォード大学、ケンブリッジ大学、ダラム大学への入学を認められるようになったのは、1871年以降のことだ。女性は19世紀末、オックスフォード大学とケンブリッジ大学への入学を認められたが、オックスフォード大学では1920年まで、ケンブリッジ大学では1948年まで、女性に学位は授与されなかった。

＊3　ただし、これは国によってかなりの差がある。工学は圧倒的に男性が多い分野だが、キプロスでは工学部の学生の50％を女子が占めている。デンマークとロシアでもその数字はそれぞれ36％と38％にのぼる。韓国と日本では、5～10％。データはUNESCO（国連教育科学文化機関）による。

＊4　うれしいことに、わたしの出身大学でも、最近は経済学部の女子学生の比率が30％を超え、40％に近づいているらしい。工学部ですら、約15％まで高まっているという。まだ十分ではないが、40年前よりははるかにいい。

＊5　ここでは自己検閲を強調しているが、だからといって必ずしも、女子学生が性差別的な社会規範を「内面化」していることが、そういう選択をするいちばんの理由であるということではない。親に「男性的」な分野を専攻するのを許してもらえなかった学生もいるだろうし、親戚や友人に反対されるのを恐れた学生もいるだろう。この点についてはペドロ・メンデスから有益な指摘をいただいた。ここに記して謝意を表したい。

産的なものとも、最も公平なものともいえないだろう。そういえるためには機会の平等が絶対に欠かせない。

結果の平等を促進するためには

では、将来の社会では（願わくはあまり遠くない将来）、真の機会の平等が実現されるとしよう。またそこでは、全員が同じルールのもとで競争できるとしよう（現実には不公平なルールがあちこちで幅を利かせている。例えば、米国の大学の「レガシー制度」がそうだ。この制度では、自分の親や祖父母がその大学の出身者であれば優先的に入学できる）。そういう社会になったら、誰もが同じルールのもとで同じゲームに参加する機会を与えられているのだから、社会にどんな不平等が存在したとしても、それを受け入れるべきだ、といえるだろうか。

残念ながら、そうはいえない。

なぜなら、全員が同じルールのもとで競争する機会を与えられているからといって、競争がほんとうに公平なものであるとは限らないからだ。全員が同じスタートラインからいっせいにスタートしたとしても、その中に片脚の人や、片目の人がいたとしたら、そのレースは公平であるとはいえない。[*6] 同じように、現実の世界でも、理論上、努力しだいで自分の欲する仕事に就くチャンスがすべての人に与えられているとしても、その仕事に就くための競争の参加者の中に、最低限必要な能力を欠く人がいたら、その競争は公平とはいえない。例えば、幼児期の栄養不良のせいで脳の発達が不完全である人がいるかもしれないし、教育予算が足りない貧しい地域で育ったせいで、質の低い教育しか受けられなかった人もいるかもしれない。つまり、社会の成員全員が必要最低限の能力を持っていないかぎり、機会の平等には意味がないということだ。

したがって、人生のレースをほんとうに公平なものにしようとするなら、すべての子どもたちが必要最低限の能力を身につけてからレースに参加できるようにする必要がある。そのためには、すべての子どもたちに十分な栄養や、医療や、教育や、遊びの時間（近年、子どもの成長にとって遊びの時間がとても重要であることが明らかになってきている）が与えられなくてはならない。

そしてそのためには、子どもを育てる者たち（親や、親戚や、養育者）の生活水準にあまりに大きな差があってはならない。さもなければ、オルダス・ハクスリーの『すばらしい新世界』か、現在の北朝鮮のように、すべての子どもを共同の施設で育てなくてはならないだろう（聞くところによると、北朝鮮ですら、エリートと庶民とでは違う施設で子どもが教育されているらしい）。いい換える

＊6　実際、現実の競技でも、競技者の能力の違いはきわめて真剣に考慮されており、競技を公平なものにするためにあらゆる手段が講じられている。パラリンピックもそうだし、性別や、年齢や、体重によるクラス分けもそうだ。とりわけ、ボクシングやレスリング、テコンドー、ウェイトリフティングといった体重別で実施される競技には、公平さを保つためのきびしい規定がある。例えば、ボクシングの軽量級では、わずか1・5～2キロの体重の違いに応じて競技のクラスが分かれている。これはつまり、選手どうしに数キロでも体重差があれば不公平だから、対戦すらさせないという意味だ。

なら、機会の平等だけでは不十分であり、かなりの結果の平等も必要であるということだ。

結果の平等を促進するには、市場の規制という方法がある。適切な規制を敷くことで、経済的な強者から経済的な弱者を守ることができる。例えば、スイスや韓国では、小規模の農家や商店を守ることで（前者は農産物の輸入を制限することなどで、後者は大規模な小売り業者の活動を制限することなどで）、所得の不平等の縮小が図られている。不平等の縮小は、金融の規制（ハイリスクの投機を制限するなど）や、労働市場の規制（最低賃金や傷病手当の引き上げなど）でも実現できる。

しかし、平等が進んでいるヨーロッパの高福祉国家を見るとわかるように、それよりもっと効果的に結果の平等を実現できる方法がある。それは社会保障制度を通じた再分配という方法だ。それには直接的な所得移転という形もあれば、誰もが質の高い「基本サービス」（教育や医療や水など）を同じように享受できるようにするという形もある（「ライ麦」参照）。

ニーズと能力

不平等を巡る議論はこれまで長いあいだ空回りしてきた。結果や機会のことばかり考え、ニーズや能力に注意を払ってこなかったからだ。左派は、結果を平等にするのが何より公平なことと考え、人によってニーズや能力が違うことに目を向けなかった。右派は、機会の平等だけで十分だと決めてかかり、ほんとうに公平といえる競争のためには、必要最低限の能力を全員が持っている必要があり、そのためには所得の再分配や、質の高い基本サービスへのアクセスの保証や、市場における規制といった諸策によって、親の世代に結果の平等がかなりの程度まで実現している必要があるということを見逃していた。

ベジタリアンにも鶏肉を出すのが公平だと考える航空会社の飛行機には誰しも乗りたくない。しかし、客の好みやニーズに合わせた幅広い代替メニューが用意されていても（鶏肉料理だけで、2種類以上あっても）、そのためにほとんどの人には手が出ないぐらい航空券の値段が高かったら、やはり乗ろうという気は起こらないだろう。

第13章

唐辛子

保育・介護・看護の過小評価の問題

唐辛子のキムチ（筆者の義母のレシピ）
赤唐辛子の粉末で漬けた青唐辛子、刻みにんにく、片口鰯の塩辛（ミョルチジョ）

唐辛子の辛さに恐れをなす人は多い。当然だろう。慣れていない人には、唐辛子のあの刺激はおいしいとかまずいとかを通り越し、もはや苦しいといったほうがいい部類に入る。口の中が焼けるように感じられ、目から涙があふれ出し、体から油汗がにじみ出る。腹がけいれんを起こすことすらある。しかし「唐辛子ベルト」とわたしが勝手に呼ぶ地域、すなわちメキシコ（「チリ」とはもともとはメキシコ産の赤唐辛子のこと）からペルー、カリブ海、北アフリカ、南アジア、東南アジア、中国、そして韓国までの一帯に暮らす人々にとって、唐辛子のぴりっとした辛さのもたらすあの快感は食事のまさに醍醐味《だいごみ》だ。

唐辛子の辛さはじつは味覚ではなく、痛覚だ。唐辛子の実のじつに見事な化学的なトリックで生まれるのが、あの辛さなのだ。唐辛子を口にすると、特に粘膜などに、燃えるような痛みを感じる。しかし唐辛子の辛さの主成分であるカプサイシンは、実際にはまったく口内の組織を傷つけてはいない。脳をだまして、体が傷つけられたと思い込ませているだけなのだ。「極端な熱さや冷たさ、酸性や腐食性の物質との接触、あるいは擦り傷の状態を感じ取ることができる」[1]感覚受容器と結合することでそうしている。

唐辛子の辛さには、その強度を表す専用の単位もある。1912年に米国の薬剤師ウィルバー・スコビルによって考案されたもので、その名にちなんでスコビル値と呼ばれている。スコビル値は次のような手順で計測される。まず乾燥させた唐辛子をアルコールに溶かしてその辛味成分（カプサイシン）を抽出する。次に、それを砂糖水で薄めて、5人のテイスターに辛味を感じるかどうかを判定させるという方法だ[2]。例えば、辛味成分を1万倍の砂糖水まで薄めたとき、テイスターの過半数（つまり3人以上）が辛さを感じなくなれば、その唐辛子のスコビル値は1万SHU（SHUは「スコビル辛味単位」の略称）となる。*1

＊1　パプリカは100SHU以下、韓国の青唐辛子（チョンコチュ）は1万〜2万5000SHU、「鳥の目」と呼ばれるタイの唐辛子は5万〜10万SHUだ。ハバネロは、種類によって差があるが、10万〜75万SHU。「ギネス世界記録」に認定されている世界一辛い唐辛子は、キャロライナ・リーパーで、そのスコビル値はなんと最大220万SHUだという。

唐辛子の絵はないけれど

人々がマイルドな味つけに慣れた国で、「唐辛子ベルト」の各国料理を提供しているレストランでは、客が辛さに驚かないよう、スコビル値のように厳密なものではないが、おおまかな辛さの尺度が用意されている。メニューの各料理の横に、唐辛子の絵を0個から2個ないし3個つけて、唐辛子の含有量を示しているのがそうだ。

2000年代初頭、社会開発の運動家として名を馳せている友人ダンカン・グリーン[*2]といっしょに、あるロンドンの四川料理のレストランに行った。そのレストランでは、唐辛子の辛さの段階が0から5まであった。四川料理には必ずといっていいほど唐辛子がなんらかの形で入っている（生のもの、乾燥させたもの、挽いたもの、漬けたもののほか、唐辛子ペーストや唐辛子油[3]）。だから、各料理の辛さをできるだけ正確に表すには、唐辛子の絵が2、3個では足りず、もっと増やさなくてはいけないと考えたのだろう。

模範的な韓国人として、わたしは唐辛子の絵が5個ついた料理まで頼みたいところだったが、辛さに慣れていないダンカンがいっしょだったのでそれは思い留まり、4個までがまんすることにした。ダンカンは辛い料理に挑戦するのを楽しみにしていたが、唐辛子の絵がついていない料理も1品、保険として注文した。賢明な判断だとわたしも思った。そうしておけば、万一、ほかの料理がすべて辛すぎて食べられなくても、少なくとも1品は食べられるのだから。

ところが、やがて運ばれてきた料理にダンカンは唖然とした。「唐辛子の絵がついていない」料理に、小指ほどの大きさの乾燥唐辛子が5、6個も入っていたのだ。ダンカンは困惑した表情を浮かべて、間違いではないのかとウェートレスに尋ねた。ウェートレスは間違いではないという。ダンカンが唐辛子の絵がひとつもついていない料理を注文したはずだと食い下がると、唐辛子の絵がついていないのは、その料理に唐辛子が入っていないという意味ではないという答えが返ってきた。唐辛子の絵の数は、相対的な辛さの度合いを示すものであって、唐辛子がどれぐらい入っているかを示すものではないと、まるで呑み込みの悪い生徒に理解させようとする学校の先生のように、ウェートレスは根気よく説明した。

ダンカンはついにあきらめると、気の毒にも、唐辛子のかけらをひとつずつ自分で料理から取り除いていった。しかしカプサイシンはすでに食べ物に染み込んでいて、いくらか彼には辛すぎる味になっていた。ほかの料理はどうだったかというと、彼はがんばってすべてに挑戦した。そしてどの料理も食べ切った。ただ、やや汗と涙が出てはいたのだが。

この話にはうれしい後日談がある。ダンカンはその後、唐辛子のおいしさに目覚め、この店に

＊2　「社会改革学」という新しい分野の創始者でもあり、著書に『貧困から力へ——行動的な市民と効果的な国家がいかに世界を変えるか（From Poverty to Power: How Active Citizens and Effective States Can Change the World)』や『いかに変革は起こるか（How Change Happens)』がある。

も足繁く通うようになり、やがてこの店の常連客になったのだ。

経済にカウントされない活動

どこにでもあるものは、やがてあって当然と思われるようになる。あって当然のものと思われるようになると、もはやないものと見なされる。ちょうど今紹介した四川料理のレストランの「唐辛子の尺度」で唐辛子がないものと見なされたように。経済学の分野にもそういうことがある。家庭や地域で無償でなされているケア労働がその最たるものだ。

経済生産の指標として最も一般的に使われている国内総生産（ＧＤＰ）では、市場で取り引きされるものしか勘定に入れられていない。[4] ほかの経済の指標もすべて同じだが、ＧＤＰのいちばんの問題がどこにあるかといえば、ものの価値は本来、人によって違うのに、あるものが社会にとってどれほどの価値を持つかを、市場での値段だけで決めようとする、まさに資本主義的な見方にもとづいている点にある。

お金を介する活動だけを勘定に入れるこの慣習は、膨大な量の経済活動を見えないものにする。これは途上国では、農業生産のかなりの部分が勘定に入れられないことを意味する。なぜなら途上国の農村部では、多くの農家が生産物の少なくとも一部を自分たちで消費しているからだ。農業生産のその部分は市場で取り引きされないので、ＧＤＰの数値には計上されない。それと同じように、富裕国、途上国のどちらにおいても、市場活動にもとづいたこの経済生産の指標では、家庭や地域で無償で行われているケア労働が一国の経済生産に組み入れられていない。

つまり出産も、子育ても、子どもたちの教育の手助けも、高齢者や障害者の世話も、料理も、掃除も、洗濯も、そのほかのさまざまな家事も（そこには米国の社会学者アリソン・ダミンジャーが「認知労働」と呼ぶものも含まれる）[(5)]だ。そのような活動は、値段をつけたらGDPの30〜40％に相当するにもかかわらず、すべて無視されている。[(6)]

お金を介さないケア労働を計算に入れないことがいかにばかげているかは、簡単な思考実験をするだけでわかる。[*3] ふたりの母親が互いに自分の子どもを預け合い、一般的な託児料金を互いに支払い合ったら、どうなるか。子どもの世話に費やされる労力はいつもとまったく同じなのに、お金のやり取りが発生しただけで（互いに支払う金額は同じなので、どちらも金銭的には損も得もしない）、GDPは増えるのだ。[*4] もっと理屈で考えても、そもそもそれなしでは人間の社会が成り立たない活動（社会の一部である経済も当然、それなしでは成り立たない）を計算に入れないことには、大きな問題がある。

無償のケア労働の多くを担っているのが女性であることから、それを計算に入れないということ

＊3　この思考実験はわたしが考案したものではないのだが、いつどこでそれを知ったかは思い出せない。

＊4　もっといえば、この母親たちが互いに払うお金を多くするだけで、GDPは上昇する。

とは、経済への女性の貢献、ひいては社会への貢献を著しく過小評価することにつながる。家事労働がいかに「不可視化」されているかは、「ワーキングマザー（働く母親）」という、まるで家にいる母親たちは働いていないかのような最近の言い方に示されている。このような言い方は、家にいる女性は何もしていないという性差別を助長するものではないか。実際には、家の仕事に費やされる労力は、夫が会社で費やす労力を上回っていることもめずらしくない。無償のケア労働が社会の中で正しく認識されるようにするためには、まずは「ワーキングマザー」といういい方はやめて、「雇用されて働いている」母親という表現に改めるべきだろう。

ケア労働に対する過小評価は、社会による認識の問題に留まらない。これは女性が得られる物質的な見返りにも関わってくる。女性は男性よりケアの役割（出産や子育てから、病人や高齢者の世話まで）を担うことが多く、その分、雇用されて働く時間も男性より短くなりやすい。年金の受給額（国の基礎年金以外）は給与の額と結びついているので、このことは女性の年金の受給額が、ほかの条件が同じであれば、男性より少なくなることを意味する。ヨーロッパの一部の国では、「ケアクレジット」と呼ばれる措置などによって、子どもや高齢者の世話に費やされた時間がある程度考慮されているが、あくまである程度だ。[7] その結果、無償のケア労働に時間を費やした女性ほど、老後に貧困に陥る可能性が高くなる。

不当に低く評価される仕事

無償のケア労働だけでなく、有償のケア労働もまた、社会へのその貢献度の高さにもかかわらず、正しく評価されていない。そのことが悲惨な形で顕わになったのは、新型コロナウイルスのパンデミックが発生したときだった。[*5]

多くの国々では、新型コロナウイルスの流行をきっかけに、家庭や地域で無償でケア労働をしている人たちと同じように、社会を成り立たせるのに不可欠な仕事をしている人たちがいることに、誰もが気づかされることになった。それは有償のケア労働に携わる人たちだった。医療従事者（医師、看護師、救急隊員など）のほか、子どもや高齢者の世話をする人や、教育に携わる人たちなどだ。また仕事自体はケア労働ではないが、社会の存続や再生（学術用語では「社会的再生産」という）に関わる仕事をしている人たちもそうだった。食品をはじめ生活に欠かせないものを生産する人や、その流通を担う人（スーパーマーケットの店員や配達員など）、公共輸送を担う人、建物やインフラの清掃や修理を手がける人などだ。そのような仕事に従事する人たちは、英国では「キー・

＊5　世界保健機関（ＷＨＯ）は新型コロナウイルスの感染拡大に関し、２０２０年1月30日、「国際的に懸念される公衆衛生上の緊急事態」を宣言し、同年3月11日、「パンデミック（世界的な大流行）」の状態にあると表明した。

ワーカー（key worker）」、米国では「エッセンシャル・エンプロイー（essential employee）」と呼ばれ、基本的な買い物や子どもの教育といった面で、「特権」を与えられた。[*6]「ヒーロー」と称えられさえした。

このような経験から浮かび上がってきたのは、一流病院の医師を除くと、そのようなエッセンシャルワーカーのほとんどが低賃金で働いているという事実だった。これは考えてみれば、理屈に合わないことだ。ある活動が社会に必要不可欠なものなら、その活動に携わる人たちは、誰よりもいい賃金をもらっていいはずではないか。

有償のケア労働ですら正当に評価されていないのは、無償のケア労働が軽んじられているのと同じで、根深い性差別の慣行がひとつの原因だ。低賃金の医療福祉職（看護、保育、高齢者介護）に従事する人には、一章では書き切れないほどさまざまな理由により、女性、とりわけ有色人種や移民の女性がとても多い。[(8)]それらの女性の賃金は同業の男性より安いというだけでなく、男性中心の職業に就いている同等の能力の男性と比べても、はるかに安い。これはつまり、女性の労働は、GDPに計上される有償の場合ですら、不当に低く評価されているということだ。

1ドル1票の社会

この理屈に合わない状況が生まれているのには、もうひとつ、もっと重要な理由もある。それはわたしたちが暮らす資本主義社会では、モノやサービスの価値が市場で決められているということだ。その問題の核心は、市場における意思決定が「1人1票」ではなく、「1ドル1票」方式にもとづいている点にある（「にんにく」「ライム」参照）。この方式では、あるものを必要としている人がどれぐらいいるかではなく、買い手がそれにいくら払おうとするかで値段が決まる。たとえ、ある人たちにとって生きていくのに必要不可欠なものであっても、そのようなことは市場では考慮されない。あくまでその人たちにそれに支払うお金がどれだけあるかで値段は決まる。

その結果、食品でも、衣料品でも、教育でも、在宅ケアでも、必要不可欠なモノやサービスが著しく過小評価されることになる。逆に、常識的に考えたら必要不可欠ではなく、むしろ無用なものであっても、それにお金を払うという人がいれば、世の中に出回る。だから、パンデミックの最中に大富豪たちが「宇宙競争」を繰り広げるというような嘆かわしいことが起こる。多くの医療従事者が十分に防護策を講じられないせいで罹患《りかん》したり、新型コロナウイルスの患者が医療スタッフや医療器具の不足のせいで命を落としたり、老人ホームの入居者が適切なケアを受けられないせいで新型コロナウイルスに感染したりしているときにだ。*7

＊6　買い物の面では、英国のキー・ワーカーはスーパーの開店時間前に買い物をすることや、供給が不足していた基礎食品や家庭用品を優先的に入手することが認められた。教育の面では、学校が閉鎖されているあいだも、学校に子どもを預けることが認められた。

見えないものを見えるように

四川料理のレストランで唐辛子がないもののように扱われていたのと同じで、わたしたちは女性がほぼ一手に担っている無償のケア労働を、あって当たり前のものと見なし、その労働なしには経済や社会が成り立たないことを忘れている。この性差別的な偏見やそこから生じた性差別の慣行と、市場による値段の決定とが組み合わさった結果、有償のケア労働も著しく過小評価されることになった。それらのふたつの組み合わせが意味するのは、日常生活を維持するのにいちばん欠かせない仕事が、よくても軽んじられ、ひどければ完全に無視されているということ、ひいては人間の幸福にとって何が大切であるかについての考え方が、きわめて偏ったものになっているということだ。

このような状況を修正するためには、ケア労働に関する認識と、行動と、制度を変える必要がある(9)。

まずは、認識を変えなくてはならない。人間の生存と幸福にとって、ケア労働が重要なものであり、じつは不可欠なものであることを知る必要がある。物事の価値は市場で決まるという考えは捨てる。ケア労働は女性の仕事であるという考えも改めなくてはならない。

次に、認識の変化を、行動を通じて、現実の変化へとつなげる必要がある。例えば、男女の賃金差を縮小する、[8]伝統的に男性に支配されてきた職業に女性がもっと就きやすくする、人種差別と闘う（それによって、人種的マイノリティーの女性が低賃金のケア労働以外にも就業できるようにする）といった行動が必要だ。

最後に、その認識と行動の変化を、制度の変化によって社会に根づかせる必要がある。[9]無償のケア労働を「労働」と見なすという認識と行動の変化は、福祉制度を変えることで、公的な裏づけのあるものにするべきだ。そのためには、男女とも有給のケア休暇（育児、高齢者の介護、病気の親類や友人の世話）の期間を長くする、家にいる親と勤めに出ている親の両方に、安価な保育サービスを提供する、年金の計算に「ケアクレジット」を導入するといった福祉制度の変更が必要だ

＊7　みなさんが市場に対して過度に否定的な見方をしてしまうのもわたしの本意ではないので、長所があることもつけ加えておきたい。とりわけ、次のふたつは重要な長所だ。ひとつは、市場制度は複雑な経済を運営するのに必要な膨大な量の情報を集め、処理することを可能にするということ。社会主義の計画経済の失敗を見れば、この長所がいかに大切かがわかる。もうひとつは、消費者の役に立つものを生み出した人に見返りを与えることで、人々の意欲を刺激でき、社会の生産性を高められるということ。ただし、これらの長所も、本書のさまざまな章で論じている市場の数々の欠点と合わせて考える必要がある。

＊8　男女の賃金差は世界平均では約20％だが、45％のパキスタンやシエラレオネから、0％のタイや、マイナスのフィリピンやパナマまで、国によってかなりの開きがある。データは国際労働機関の2020年6月の報告書『男女間賃金格差を理解する（Understanding the Gender Pay Gap）』にもとづく。

ろう。一方、有償のケア労働の重要さを制度として認めるためには、最低賃金を引き上げるとか、医療や福祉従事者の労働環境の改善を法的に義務づけるとかいった方法がある。また全般的には、ケアサービスの市場化は制限して、適切な規制下に置くことで、誰もが収入に関係なく、基本的なケアサービスを受けられるようにする必要があるだろう。

唐辛子は世界の何十億という人々の食生活に欠かせないものになっている。ケア労働は、有償であれ無償であれ、全人類に欠かせないものである。しかし、そのように必要不可欠なものであり、どこにでもあるがゆえに、唐辛子もケア労働もあえて気に留められなくなり、その結果、過小評価されたり、評価の対象にすらされなかったりしている。ダンカンは四川料理のレストランで唐辛子という食材を巡って、新しい認識を受け入れ、自分の行動を変えたことで、自分の食の世界を広げ、食生活を豊かなものにできた。それと同じように、わたしたちも世界をもっと偏りがなくて、もっと人に優しくて、もっと公平なものにしたいなら、ケア労働に関する認識と、行動と、制度を変える必要がある。

＊9　制度を変えることがいかに重要かは、英国の国民保健サービス（NHS）の職員の扱いを見れば、明白だろう。2020年、新型コロナウイルスのパンデミックの初期、英国じゅうの人々がNHSの職員を「ヒーロー」と称えた。週1回、何百万もの人々が決められた時間にそれぞれ庭や通りに出て、大きな拍手をし、感謝の意を表したほどだった。この行動は「医療従事者に拍手を」という名のもとに10週にわたって続けられた。しかし2021年3月、NHSの職員の賃金交渉の際、英国政府が妥結案として提示したのは、わずか1％の賃上げだった。NHSの職員たちにいわせればこれは「侮辱」以外の何ものでもなかった。陳腐ないい方になってしまうが、思いや個人の行動の変化だけでは、変化を定着させることはできない。NHSの職員たちの賃上げ要求のスローガンにあるように、「拍手では生活費は払えない」のだ。変化は制度の変化によって支える必要がある。

第5部

未来について考える

第14章 ライム

気候変動の効果的な解決策

カイピリーニャ（ブラジル）
カシャッサまたはウオツカにライム果汁と砂糖を加えたカクテル

人口でも面積でも史上最大の帝国を築いた（人口は1938年に5億3100万人[1]を数え、面積は1922年に3400万平方キロ[2]に達した）大英帝国の成功（もちろん英国から見ての成功ということだが）には、複数の要因がある。それをひとつの要因だけで説明することはできない。英国の産業力の強さがその土台をなしていたのは確かだ。小規模な軍隊（ほぼ現地の傭兵だけで構成される場合もめずらしくなかった）で植民地を支配し、自国の10倍以上の人口を統治下に置けたのは、よくいわれるように分割統治に長けていたおかげだった。[3]

しかし、最も直接的には、強大な海軍の力で海を支配したからこそ、あれだけの広い、しかも飛び飛びになった帝国を築けたのだ。愛国歌「統治せよ、ブリタニア」*1の一節にあるように、まさに「ブリタニアは大海原を統治する」だった。
16世紀に入ると、英国はスペイン、オランダ、さらにはフランスと、ヨーロッパの海、のちには世界の海の覇権を巡って競い始めた。そして数世紀のあいだに、積極的に資金を投じて、強力な兵器を持ち、食糧を十分に備え、よく統率の取れた海軍を築くことで、ライバル国を一国一国蹴落としていった。[4] 1805年のトラファルガーの海戦では、ホレーショ・ネルソン提督の指揮のもと、フランスとスペインの連合艦隊を破り、それから1世紀以上にわたって世界の制海権を握ることになった。
そのような強い海軍を持てば、もともと四方を海に囲まれた島国であったので、外敵に攻め込まれる危険はほぼなかった。おかげで、外からの侵攻に備える必要がなく、比較的小さな（それゆえ経済的でもある）陸軍をもっぱら国内の秩序の維持に使うことができ、英国の悪名高き社会的・経済的な不平等に対する暴動（たびたび発生していた）を抑えることができた。[5] そして何より、強い海軍のおかげで、遠く離れた土地を占領することも、その土地を奪おうとする他の列強の企てを退けることも、植民地貿易に携わる商業船を海賊から守ることも可能になった。[6]
この英海軍の台頭において、大事な役割を果たしたのは、ライムという小さなありふれた果物だった。

＊1　英国（ブリテン）を擬人化した戦いの女神。兜をかぶり、三叉の槍を手に持っている。

ライミーズ

ヨーロッパ人が帆船で大洋を横断する長距離航海に出るようになったのは、15世紀後半だ。当初、船員たちの命を最も多く奪ったのは、敵船でも海賊でもなく、嵐ですらなかった。それは壊血病だった。倦怠感や、歯茎の腫れと出血や、歯の脱落や、強い関節痛といった症状を引き起こし、最後にはしばしば死に至る恐ろしい病気だ。

現在では、ビタミンCの不足が壊血病の原因だとわかっているが、20世紀に入るまでその原因は謎に包まれていた。人間はほかのほとんどの動物と違って、体内でビタミンCを合成できないので、食品から摂取しなくてはならない(7)。何カ月ものあいだ、塩漬けの臭い肉と、ゾウムシがたかった乾パンと、古いビールだけの食事が続く大洋横断の航海では、船員たちが壊血病にかかって、ばたばたと死んだ。*2 壊血病の蔓延があまりにひどく、当時の船の所有者や政府は、長距離の航海では船員の半分が壊血病で死ぬと見積もっていたといわれる(8)。コロンブスの大西洋横断から19世紀半ばまでのあいだに、壊血病で死んだ船乗りの数は推定で200万人以上にのぼった(9)。

当然、壊血病の治療法が血眼で探された。酢や硫酸をはじめ、あらゆる方法が試される中、しだいに柑橘類の果汁が効くということがわかってきた。ただ、ビタミンCがその有効成分であることが突き止められたのは、20世紀に入ってからだった。壊血病の治療法を探す努力がいかにビタミンCの発見に役立ったかは、ビタミンCの化学名にも示されている。ビタミンCの化学名はアスコルビン酸といい、それは文字どおりには「抗壊血病酸」という意味だ。

柑橘類の果汁の効果は、ライバル国の海軍でも知られていたが、本格的にそれを壊血病対策として取り入れたのは英海軍が最初だった。[10] 1795年、英海軍はレモンを船員への必須の配給品に定めるとともに、確実にそれが摂取されるよう、グロッグ（水割りのラム酒）に混ぜる形で配給するという賢い工夫を凝らした。このレモンはほどなくライムに変更された。ひとつにはこれはライムのほうが安く、入手しやすいという理由からだった。レモンと違い、ライムはカリブ海の英国の植民地で栽培されていた。しかしライムのほうが効き目があると考えられていたこともその理由だ。当時は、壊血病はビタミンC（ライムには、レモンの半分しかビタミンCは含まれていない）ではなく、酸（ライムのほうがレモンより酸は強い）で治ると誤って信じられていた。

レモンやライムの果汁が取り入れられてから10年も経たず、英海軍では壊血病がほぼ根絶された。[11] その頃にはライムがすっかり英海軍のトレードマークと化していた。英国の船乗りは米国人から「ライミーズ」と呼ばれるほどだった。やがて米国で「ライミーズ」といえば英国人一般を意味するようになった。

＊2　人間の体は少なくとも1カ月、ふつうは最大3カ月までビタミンCを蓄えておける。したがって大洋横断の航海が始まる以前は、壊血病が船乗りたちのあいだで大きな問題になることはなかった。

ライムがシンボルになっている国はもうひとつある。ブラジルだ。ブラジルでは、国を代表するアルコール飲料、カイピリーニャの主な材料としてライムが使われている。カイピリーニャはカクテルの一種で、ライムの果汁（パッションフルーツなどほかの果汁が使われることもある）と、砂糖と、ブラジルの国民酒カシャッサで作られる。*3

カシャッサは発酵させたサトウキビ汁から作られる蒸留酒だ（つまり、カイピリーニャの材料は「ライムの果汁と、砂糖と、砂糖」ともいえる）。サトウキビ汁は高温で蒸溜すると、自動車の燃料にも使えるエタノールになる。サトウキビの世界最大の生産国だったことから、ブラジルは20世紀初頭から試験的に自動車の燃料にエタノールを使っていた。*4

エタノール計画

その後、大恐慌と第二次世界大戦の勃発で国際貿易が崩壊したのをきっかけに、ブラジル政府はエタノール燃料の利用に本腰を入れ始め、ガソリンにエタノールを5%混ぜることを義務づけたり、エタノール産業を補助金で支援したりした。第二次世界大戦後、安価な石油に押され、エタノールの利用は減ったが、1973年の第一次石油危機後、ブラジル政府は石油からエタノールへの切り替えを促進する野心的な計画を打ち出した。

1975年に始まったその「国家エタノール計画」では、エタノールの生産設備に投資する砂糖生産者にも、エタノールの小売りにも補助金が出された[12]。1970年代末には、ブラジルで事業活動をする自動車メーカー（フィアットやフォルクスワーゲンなど）が、エタノールだけで車を走らせるエンジンを開発した。1985年、国内で販売された新車の96％は、エタノール燃料を100％使った自動車で占められた。その後、石油価格や、サトウキビの生産量や、政府の補助金の変動に伴って、計画は浮き沈みを繰り返してきた。しかしガソリンとエタノールを混ぜ合わせた燃料で走れる「フレックス燃料車」が、2003年にフォルクスワーゲンによって市場に投入され、その後、他メーカーがそれに追随したことで、エタノールは主要なエネルギー源としての地位を確立した。

現在、ブラジルの年間エネルギー消費量の15％がエタノールでまかなわれている。米国の歴史家ジェニファー・イーグリンがブラジルのエタノール燃料の歴史について書いた重要な論文のタイトルは、いみじくも「カシャッサよりブラジルらしいもの」という[13]。

＊3　カイピリーニャはウオツカで作られることもあり、その場合は、カイピロスカと呼ばれる。わたし自身は、カイピロスカのほうが好みだ。カシャッサはわたしにはいくらか甘口すぎる。

＊4　1908年に発売された世界初の量産車T型フォードも、ガソリンとエタノールの混合燃料で走る自動車だった。

バイオ燃料の導入

ブラジル以外の国々で、エタノールやそのほかの近代的なバイオ燃料（菜種油や大豆油、動物性油脂を原料とするバイオディーゼルなど）が本格的に導入され始めたのは、ここ20～30年のことだ。[*5] 気候変動への懸念が高まる中、多くの国々で化石燃料の使用を減らすため、ガソリンにエタノールを混ぜることや、ディーゼル油にバイオディーゼルを混ぜることが必要とされている。

世界はすでに極地の氷の融解や、海面上昇、異常気象（熱波、熱帯低気圧、洪水、山火事など）の増加と強大化、種の大量絶滅といった現象を目の当たりにしている。現在の科学的コンセンサスによれば、早急に温室効果ガス（二酸化炭素、メタン、窒素酸化物など）の排出量を大幅に減らして、世界の気温上昇を抑えなければ、あと数十年で人類は存亡の機に立たされるだろうという。

そのような事態を避けるためには、第一には、新しい技術が必要だ。それもいくつも要る。何より、温室効果ガスを排出せずにエネルギーを生み出せる代替エネルギー技術が欠かせない。バイオ燃料、太陽光発電、風力発電、波力発電、水力発電、水素燃料のほか、場合によっては応急策として原子力発電も必要だろう。(14) また排出された炭素を回収して、利用したり、売買したりすることも、（ある程度まで）役に立つだろう。[*6] 太陽光や風力発電で断続的に生み出される電力をいつでも利用できるようにする、高効率の電力貯蔵技術も必要だ。

必要なのは新しいエネルギー技術だけではない。化石燃料はエネルギー源としてだけでなく、鋼や、肥料や、セメントや、プラスチックといった、現代の暮らしを支える資材の製造にも使われている。[15] したがって、それらの製造工程で使われる化石燃料の量をできるだけ少なくする技術や、効果的にそれらをリサイクルする方法や、製造に必要な化石燃料を減らせる（できればゼロにできる）代替物の開発が必要だ。

さらに、気候変動の影響に対処するための「適応技術」も求められる。干ばつの増加や深刻化に対しては、灌漑《かんがい》や、水の再利用や、海水淡水化といった技術の改良や、異常気象に強い作物の開発が必要だ。増えつつある災害級の豪雨や熱帯低気圧の対処には、気象予測の精度の向上や治水の強化が役に立つ。

季節のものを食べよう

そのような優れた技術だけでも、足りない。第二に、わたしたちの生活のスタイルを変える必

＊5　ここで「近代的な」といっているのは、厳密にいえば、薪や動物の糞もバイオ燃料だからだ。
＊6　この技術は、ＣＣＵＳ（二酸化炭素回収・有効利用・貯留）と呼ばれる。

要がある。このことが求められるのは、主に富裕国の人々と途上国の富裕層だ。

自動車を走らせるのにバイオ燃料や、バッテリーや、水素燃料電池といった代替エネルギーを使うとしても、自家用車の走行距離を減らす必要はある。これは思いのほかむずかしい。とりわけ米国のように、ひとりの生活圏が広いうえに公共交通が貧弱で、日常的に自家用車で長距離を移動しなくてはならない国ではむずかしい。そのような国で自家用車の利用を減らそうと思ったら、公共交通への大規模な投資が必要だし、長期的には、都市計画の規制を変更して、人々の生活圏を根本的に描き直す必要が出てくる（この点についてはのちほどまた取り上げる）。

また、家庭や会社でのエネルギーの使用効率には改善の余地がまだだいぶある。住宅の断熱性を高めたり（例えば、壁を気密にする、二重窓や三重窓を設置するなど）、熱ポンプを使ったりすれば、暖房に使うエネルギーをかなり減らせる。こまめに照明を消すという単純な方法もある。同じことは会社でもするべきだ。オフィスビルの断熱性もまだ高められるし、就業時間以外は最低限の照明しかつけないといった取り組みも推進したい。

第三には、食生活を変えることも重要だ。これには思いのほか大きな効果がある。農業分野から出る温室効果ガスは、世界の温室効果ガスの排出量のかなりの部分を占めているからだ（計算によって違うが、15~35%と推定されている）[16]。肉を食べる量を少なくすれば、温室効果ガスの排出量の削減に大きく貢献できる。いちばん影響が大きいのは牛肉で、最近の推定によれば、農業分野が排出している温室効果ガスのうち、25%は牛肉の生産によるものだという[17]（「えび」「牛肉」参照）。

また、なるべく季節のものを食べるほうがいい。温室で栽培しようとしたり（たとえ栽培する作物がその土地のものであっても）、季節外れのものを遠くから船や飛行機で運ぼうとしたりすれば、膨大なカーボンフットプリントが伴う。豊富な食材を取り揃えるのをいっさいあきらめるべきだといいたいわけではない。しかし富裕国の人々は、季節によって手に入らないものがあることも受け入れるべきだろう。

市場まかせにしない

しかし、これらの技術や生活様式の変化を大きな成果に結びつけるためには、大規模な公的な行動が欠かせない。市場の動機づけや個人の努力だけでは不十分であり、自治体や国レベル、国際機関レベル、あるいは連携した国家グループレベルでの取り組みが必要になる。

技術に関しては、政府がグリーン技術の促進に積極的に関わる必要がある。市場に任せておいたら、気候変動対策に必要な技術の多くはいつまでも開発されないだろう。これは民間の企業が「悪い」からではない。そうではなく民間の企業は短期で結果を出さなくてはならないというプレッシャーにつねにさらされているからだ。この傾向は金融自由化とともにいっそう強まっている。グリーン技術の開発や導入では、利益を得るまでに数十年はかかる。しかし民間の事業は年単位、極端な場合には四半期単位で営まれている。したがって、そのような技術の開発にはどうしても二の足を踏んでしまう。

このような民間の近視眼的な性格ゆえに、新しい技術の開発や導入のためには、これまでも積極的な政府の行動が不可欠だった。最たる例は、情報技術とバイオ技術の開発だ。それらの技術の開発資金は当初、ほぼすべて米国政府から——「国防」及び「医療」の研究計画という名目で（「麺」参照）——出ていた。そのような技術の開発は、リスクが大きいうえ、利益を生むまでに途方もなく時間がかかるからだ。また太陽光発電や風力発電などの低炭素エネルギー技術の開発と導入も、ヨーロッパ諸国や中国、ブラジル、米国といった国々で、政府の介入によって大々的に進められた。[18]

貧しい国々が温室効果ガスの排出量を最小限に抑えながら、気候変動の影響にも対処しつつ、経済発展を遂げようとするとき、技術の助けは欠かせない。そのような技術を開発するのにも、やはり公的な行動が必要だ。市場は1人1票ではなく、1ドル1票方式なので（「にんにく」「唐辛子」参照）、放っておけば、投資はおのずと、より多くのお金を持つ人々の役に立つ技術へと流れ込むことになる。これはつまり、貧しい国が切実に必要としている技術、例えば、農業や工業生産の省エネ技術とか、気候変動への「適応技術」といった技術には、投資が集まりにくいことを意味する。そのような技術を開発したり、途上国に安価ないし無料で移転したりするには、公的な行動が必要だ。そのような公的な行動は、いわゆる「気候正義」の実現のためにも欠かせない。そもそも途上国は気候変動を招くようなことをほとんどしていないのに、富裕国以上にそのあおりを食っているのだ。すでに国土の一部が水没し始めている国すらある。

政府の介入が必要

個人が自分の生活様式をほんとうに環境に配慮したものに変えるためには、政府の政策によって誰もがそういう生活様式を選択できるようにする必要がある。

これはひとつには、個人の行動の変化のためには、個人の財力ではまかなえない先行投資が必要になる場合があるからだ。家庭のエネルギー効率を改善するため、家の断熱性能を高め、二重窓を設置し、熱ポンプを導入したら、相当の費用がかかる。たとえ長期的には元が取れるとしても、誰もがそのような費用を払えるわけではない。そのような先行投資を促すためには、政府の補助金や融資が必要だ。

もうひとつには、気候変動のような社会全体の問題について、市場で個人に「正しい」判断をさせるというのは、不公平なばかりか、効果がないからでもある。「環境にいい」食事の例で考えてみよう。理屈のうえでは、食料品店に各商品のカーボンフットプリント情報を表示させ、消費者に「正しい買い物」をさせることで、環境に有害な生産者を退けられる。しかし現実にはそううまくいかない。たとえカーボンフットプリント情報がことこまかく明らかにされたとしても、そもそも消費者には、各商品のカーボンフットプリント情報をいちいち確かめている時間的、精神的な余裕はない。[19] むしろそういうやり方は、何もしないより悪い結果を招く。政府によって環境基準が定められていなかったら、いわゆる「底辺への競争」が生じて、環境に有害な供給業者がより安い商品を提供することで、競合企業を駆逐することになるだろう。

ライムには壊血病を防ぐ高い効果があった。しかしそれを効果的に使って、数多くの水兵の命を救えたのは、当時、世界で最も強大な力を持っていた公的機関——英海軍——が介入したからだった。英海軍は水兵に各個人の責任で、柑橘類を持参させるのではなく、水兵への配給に柑橘類を組み入れ、なおかつ全員が確実にビタミンCを摂取するよう、水兵たちの好物であるラム酒に混ぜるという工夫も凝らした。

気候変動もそれと同じだ。すでに解決策はわかっている。しかし、英海軍とライムの場合と同じで、その実行を市場での個人の判断に任せてはいけない。利用できるあらゆる集団行動の仕組み（自治体や国から、国際協力や、国家間の協定まで）を使って、解決策が確実に実行されるようにするべきだ。解決策は、食品規制から、公共交通機関への投資、都市計画政策の変更、住宅の断熱化への国の補助金、省エネ技術の開発への公的融資、グリーン技術の途上国への移転まで、いろいろある。社会の変化が最も速やかに進むのは、個人レベルの変化と、確固とした大規模な公的な行動とが、組み合わさるときだ。

第15章 スパイス 「株式会社」の長所と副作用

あんこうとあさりのカレースープ（筆者のオリジナル）
あさりのカレースープにあんこう（または煮崩れしない白身魚）を入れる

おそらくすでにお気づきと思うが、わたしには特定の料理に対する強い思い入れはない。韓国料理からしてそうだ。韓国料理を半年食べなくても、ぜんぜん平気だ（実際、大学院時代によくそういうことがあった）。同じくイタリア料理や、メキシコ料理や、日本料理も、好きな料理ではあるが、食べないでもいられる。

食べずにはいられない！

しかし例外がひとつだけある。「インド」料理、別のいい方をするなら、南アジア料理だ。[*1] 南アジア料理は数週間食べないと恋しくなる。

じつは初めて南アジア料理を食べたときは、おいしいと思わなかった。ほかの新しい料理はたいてい、好きになるときにはすぐに好きになった。タイ料理は、1980年代末にソーホー地区のタイ料理のレストランで初めて食べ、たちまちその虜になったし、ギリシャ料理（ムサカ、タラモサラタ、ルーカニコなどなど）も、最初から最高においしいと思った。1987年に初めてイタリアに行き、本場のイタリア料理を食べたときには、外国の料理を食べているという気すらしなかった。しかし、「インド」の料理は違った。だめだった。

わたしはいっしょにいた友人（南アジア出身ではない）に、南アジアの料理には「こく」がないと文句をいった。そのとき、自分がどういう意味でそういったのかは定かでないが、きっと無意識のうちに、「うま味」の薄さ（醤油が入っていないことや、にんにくが足りないこと）に、物足りなさを感じたのだろう。しかし、今あらためて考えてみると、おいしくないと感じたほんとうの理由は、南アジア料理に大量に入っているスパイスの、複雑で独特な味にわたしの舌が戸惑ったせいではないかと思う。

英国に来るまで、わたしは5種類のスパイスしか知らなかった。黒こしょう、マスタード、シナモン、生姜、それに未加工の唐辛子だ。黒こしょうは乾燥した実ではなく、灰色の粉末状のもので、マスタードはすでにペースト状になっているイングリッシュマスタードに似たタイプのものだった（ただイングリッシュマスタードよりマイルドで、甘かった）。

もちろん、中華料理の「豚肉の五香粉炒め」は何度か食べたことがあった。それでもあまり好きではなかったし、その5種類のスパイス（五香粉）が何であるのかもあえて知ろうとしなかった（参考までにいうと、スターアニス、クローブ、シナモン、花椒、フェンネルの5種類だ）。だからまったく口にしたことがないのと同じだった。

しかししだいに南アジア料理のおいしさに目覚め、コリアンダーシード、マスタードシード、クミン、クローブ、ナツメグ、メース（ナツメグの皮）、スターアニス、フェンネルシード、キャラウェイ、サフラン、カルダモン、タマリンド、ヒングなど、多彩なスパイスによって生み出されるその複雑な味や香りや刺激を深く愛するようになった。

今ではすっかりスパイスマニアだ。自分でコリアンダーシードと、フェンネルシードと、クミンという3種類のスパイスを主に使って、簡単な南アジア料理を作っている。自宅で作るときに、本物の南インド料理に入っているスパイスを全種類使うのは、わたしにはいくらかハードルが高すぎるし、また、そうする必要もないとも思える。本格的な味を楽しみたかったら、レストラン

＊1　ここで「インド」とかぎ括弧でくくっているのは、英国にある「インド」料理店の10軒に1軒がバングラデシュの出身者によって営まれ、その95％がバングラデシュのあるひとつの地域、すなわちシレットの出身者であると推定されるからだ（２００２年6月21日の英ガーディアン紙に掲載されたA・ギランによる記事「バングラデシュからブリックレーンへ（From Bangladesh to Brick Lane）」参照）。本書ではそういう理由で、インドの料理を呼ぶのに「インド」ではなく、「南アジア」という呼称を使っている。

があるし、でき合いのものもある。わたしが好きな南アジア料理の飲み物は、牛乳で煮立てるマサラチャイという甘い紅茶だ。これにも生姜やカルダモンをはじめ、さまざまなスパイスが入っている。

わたしがスパイスを使うのは、南アジア料理だけではない。自分で作るシチューやパスタにはたいてい、黒こしょうをふんだんに入れる。実のまま入れることもあれば、挽いてから入れることもある。クランブル〔小麦粉と砂糖とバターを混ぜ合わせて焼いた菓子〕を作るときは（いちばん好きなのはりんごとルバーブのクランブルだが、りんごだけやプラムだけのクランブルも作る）、クローブと、カルダモンポッドと、シナモン（粉末でも皮でも）を思いっ切り加える。辛さを強めるため、黒こしょうの実を投入することもある。リゾットには、サフランをひとつまみだけ入れる。いい出汁があれば、ほかには何も要らない。[*2] 最近は、南アジア風チーズサンド（これは非英国人のためのグリルドチーズサンドイッチ。「片口鰯」参照）に夢中になっている。具材にたまねぎとにんにくのスライスと、コリアンダーの葉を使い、そこに挽いたコリアンダーシードとチリパウダーをたっぷりかけたチーズサンドだ（弁護士からシェフに転身したインド系英国人、ニシャ・カトナ氏のレシピ）。

スパイスの来た道

スパイス派に転向してからは、30年間もスパイスなしで生きてきてしまったことがじつに残念に思えた。自分の先祖が恨めしかった。どうしてクローブ（わたしがいちばん好きなスパイス）とコリアンダーシードのようなすばらしいスパイスを料理に取り入れてくれなかったのか。スターアニスとフェンネルシードを使っていれば、韓国料理はもっと洗練され、もっと深みのあるものになっていたのではないか。

しかし考えてみれば、これは無理な注文というべきだった。わたしの先祖はユーラシア大陸の北東の隅の、スパイスの栽培には適さない寒冷な土地に暮らしていたのだから。しかも、ヨーロッパ人と違って、スパイスの国に攻め込んで、そこを征服しようなどという気も起こさなかった（あるいはそんな力もなかった）。

ヨーロッパで最も珍重されてきたスパイス（黒こしょう、クローブ、シナモン、ナツメグ）は、かつては、「東インド」と呼ばれた地域、つまり南アジア（特にスリランカとインド南部）と東南アジア（特にインドネシア）でしか栽培されていなかった。[*3]

ヨーロッパからアジアへの航路が開拓されたのは、ヨーロッパ人がスパイスを手に入れようと

＊2　わが家で定番の出汁のレシピは、鶏がら、セロリ、たまねぎ、マリーゴールドの野菜ブイヨン、魚醬（「片口鰯」参照）からなる。

＊3　コロンブスをはじめ、アメリカ大陸に進出した初期のヨーロッパ人たちがそこをインドだと勘違いしたということは、当時のヨーロッパでは、世界にはヨーロッパと、アフリカと、中東と、中国以外には、インドしかないと思われていたのだろう。

したからであることはよく知られている。あまり知られていないのは、株式会社または有限責任会社という、資本主義の発展のいちばんの原動力になったものの誕生にも、スパイスが関わっているということだ。

スパイスにはリスクが伴う

当初、「東インド」とのスパイス貿易はきわめてリスクが大きかった。帆船で海をふたつ、あるいは3つ（大西洋、インド洋、それにインドネシアまで行く場合には太平洋）を越えていくというのは、いくらか誇張していえば、火星に探査機を送る――そしてぶじに回収する――のと同じぐらいたいへんだった。(1)

成功すれば莫大な富を手に入れられたが、リスクがあまりに大きいので、投資家たちはスパイスの獲得競争に資金を投じることに尻込みした。しかもこの投機的な事業が失敗した場合、投資家は出資金だけでなく、自分の全財産（家屋敷から家具、果ては鍋の類いまで）を失う恐れがあった。事業の負債を全額返済しなくてはならなかったからだ。専門的な言葉でいえば、彼らは無限責任を負っていた。そのうえ事業の失敗は、自由の剥奪につながることすらあった。全財産を売却しても、負債を返し切れなければ、債務者は刑務所送りになったからだ。

投資先を探している者たちも、当然、スパイス貿易のようなリスクのきわめて高い事業にはなかなか手を出せなかった。そこで解決策として取り入れられたのが、投資家の責任を有限にするという方法だった。これにより投資家たちは、自分が事業に出資した部分（「株式」）だけに責任を負えばよく、自分の全財産を債務の担保にする必要がなくなった。これは投資家のリスクを大幅に軽減し、ハイリスクの事業を立ち上げようとする者たちが、おおぜいの投資家から出資を募ることによって、莫大な資金を調達できるようにした。

こうして誕生したのが、英国東インド会社（1600年設立）やオランダ東インド会社（1602年設立）といった企業だった。両社は世界初の有限責任会社ではないが、「東インド」のスパイスをヨーロッパに運ぶ事業を成功させ、のちにはそれぞれインドとインドネシアを自社の植民地にすることで（植民地は当初は国ではなく、企業の所有物だったのだ）、有限責任という制度を有名にした。

有限責任によって資金が獲得しやすく

有限責任は今では当たり前になっているが、19世紀までは、遠隔地との貿易や植民地の拡大など、国益にかなうリスクの高い事業にのみ、国王から——絶対王政の廃止後は政府から——授けられる特権だった。

当時は、そのような例外的に認められるケースも含め、有限責任という手法には懐疑的な者が多かった。経済学の父、アダム・スミスもそのひとりで、有限責任会社は経営者に「他人の金」(スミス自身の言葉)でギャンブルをさせるものだと批判した。スミスにいわせると、有限責任の経営者は自社の完全な所有者ではなく、失敗してもすべての損失を引き受ける必要がないので、むやみにリスキーなことをしやすかった。

この指摘そのものは正しいが、有限責任で大事なのは、無限責任の場合よりもはるかに大規模な資金動員が可能になるという点だ。だから資本主義の宿敵カール・マルクスも、有限責任会社を「最高度の発展を遂げた資本主義的生産の形態」と称えたのだ。もちろんその賛辞の裏には、資本主義の発展が早まれば、それだけ社会主義の実現も早まるという思惑があったわけだが(マルクスの理論では、資本主義が十分に発展してはじめて社会主義は到来するとされている)。

19世紀半ば、マルクスの共産党宣言が発表されてからほどなく、大規模な投資を必要とする重化学工業(鉄鋼、機械、工業化学、製薬など)の勃興によって有限責任の必要性はさらに増した。もはやケースバイケースで有限責任の認可を与えるのではすまなくなった。遠隔地との貿易や植民地事業だけでなく、基幹産業のほとんどが大規模な資金調達を必要としていたからだ。その結果、19世紀末には、大半の国で有限責任が特権ではなく、権利(いくつかの最低限の基準を満たせばいい)になった。以後、資本主義は有限責任会社(または株式会社)を主な原動力として発展を続けてきた。

進みすぎた金融化

しかしこの経済の進歩の大きな原動力になってきたものが、近年、その妨げになっている。過去20~30年の金融の自由化により、多様な金融商品が登場した結果、株主たちはもはや法律上自分が所有している企業と長期的に関わろうとしなくなった。例えば、英国では、株式の平均所有期間が1960年代には5年だったのが、最近は1年以下にまで短くなっている。わずか1年足らずで株式を手放す者たちが、果たしてほんとうにその会社の所有者といえるのだろうか。

落ち着きのない株主たちの気を引き留めるため、プロ経営者たちは配当や自社株買い（企業が自社の株を買って、株価を上昇させることで、株主が保有株の現金化で得することができるようにする手法）という形で、株主に利益のかなりの割合を還元している。過去20~30年のあいだに、米国と英国では、株主に還元される利益の割合が90~95%にまで高まった。1980年代まで、その数字は50%以下だった。留保利益（つまり株主に還元されなかった利益）が企業による投資の主な元手になるので、この変化は企業が投資を行う力、とりわけ利益の回収に時間がかかる長期的な計画に投資する力を著しく弱めることになった（「ライム」参照）。

有限責任という制度にも、そろそろ改革が必要なときだ。長所を保ちながら、有害な副作用を最小限に抑えられるようこの制度を変えていかなくてはならない。

第一には、有限責任の制度を株式の長期保有を促すものに変えるという方法が考えられる。例えば、株式の保有期間に比例して議決権が増える仕組みにすれば、株式を長く保有している人ほど、発言権が大きくなる。これは「テニュア方式」と呼ばれる。この方式はすでにフランスやイタリアなど、いくつかの国で取り入れられているが、まだ本格的な導入にはほど遠い。2年以上の株主に議決権が1票追加で与えられるといった程度に留まっている。このテニュア方式をもっと強化するべきだ。例えば、保有期間が1年増えるごとに、1株につき1票、議決権が増えるというぐらいにまでするべきではないだろうか（増えるのは1株につき最大20票までなど、上限は設けたほうがいいだろうが）。いずれにしても、なんらかの方法で、投資家の長期的な関わりに報いることが必要だ。

第二には、株主以外のステークホルダー（従業員、供給業者、地域社会など）の、経営への発言権を強め、株主の力を制限する必要がある。これは長期の株主も含めてだ。株主の問題（と強み）は、たとえ長期の株主であっても、いつでもその企業との関わりを断てる点にある。株主よりはるかに流動性の低いステークホルダーに一定の力を与えることで、企業の「所有者」とされる人たち（株主）よりも企業の将来に切実な関心を持っている人々に力を配分できる。

第三には、株主の目を企業の長期的な将来に向けさせるため、株主の選択肢を制限する必要がある。そのためには数ある金融商品のうち投機的な性格の強いものを規制して、「手っ取り早く稼げる」チャンスを減らし、逆に長期の株式保有者の優遇策を増やすという方法が考えられる。(2)

有限責任は資本主義が生み出した最も重要な手法のひとつだ。しかし、それが今の金融自由化と短気な投資家の時代（もっと専門的な言葉でいえば、「金融化」の時代）には、経済の進歩の原動力ではなく、妨げになってしまっている。有限責任という制度には改革が必要であり、そのためには金融の自由化や、ステークホルダーによる経営への影響といった、有限責任にまつわる仕組みも変えなくてはならない。

同じスパイスを使っても、料理の味を引き立てる場合と台無しにする場合とがある。それと同じで、ある状況ではとびきり役に立つ制度が、別の状況では大きな問題を引き起こすことがある。

第16章 いちご 機械は人間の仕事を奪うのか

いちごミルク（筆者の妻ヒジョンのレシピ）
牛乳の中でいちごをすりつぶし、コンデンスミルクを加える

いちごは英語でストロベリーというが、科学的な定義ではベリーではない。*1 同じくブラックベリーやラズベリーも、植物学的にはベリーではない。一方、ぶどう、カシス、バナナ、きゅうり、トマト、茄子、メロン、唐辛子は植物学的にはベリーだ。では、ベリーと名のつくものはベリーでないのかというと、そんなことはない。植物学的にベリーであるベリーもある。クランベリー、ブルーベリー、グーズベリーがそうだ。どうして植物学の碩学《せきがく》たちは研究を重ね、（おそらく）激論を戦わせたすえ、ベリーという植物の分類を設けてしまったのだろうか。植物学的にはベリーではないベリーがたくさんあり、植物学的にはベリーなのにベリーと呼ばれないものがこんなにたくさんあるのに。

いちごはどう味わう？

植物学的な分類はどうであれ、世界のどこでも、いちご（ストロベリー）はベリーの代表格だ。熟した旬のいちごはとても甘くて香りがよく、そのまま食べられる。それ以外の季節のものは、いくらか酸っぱく、砂糖かコンデンスミルクをかけて食べるのがふつうだ（私見では、コンデンスミルクのほうが合う）。変わった味が好きな人は、バルサミコ酢や黒こしょうをかけたりもする。英国で夏のガーデンパーティーに招待されたら、クリームをかけたいちごを振る舞われるのを覚悟しなくてはならない（じつはわたしはこの組み合わせが好きになれないのだが、そんなことをいったら、英国の友人を何人か失いそうだ……）。

いちごはあらゆる甘い菓子に使われる。ケーキにも、チーズケーキにも、タルトにも（わたしはフランスのタルト・オ・フレーズといういちごのタルトがとりわけ好きだ）。アイスといえば、世界じゅうどこでも、バニラ味、チョコレート味、それにストロベリー味の3種類と決まっている。

ただし、この「ストロベリー味」に本物のいちごが入っていることはまずない。英国人はいち

＊1　ベリーは植物学的には、単一の子房を持つ単一の花からできる多肉の果実と定義されている。ストロベリーは子房ではなく、子房を支える花托《かたく》が発達したものだ。果実の分類では、「集合果」に分類される。

ごを使った独創的なデザートの発明に長け、イートン・メス（いちごと、メレンゲと、クリームを混ぜ合わせたもの。政治エリートの輩出校として有名なイートン校で生まれた菓子といわれる）や、ストロベリー・トライフル（いちごと、カスタードと、シェリーに浸したスポンジケーキ、それにストロベリーゼリーを層状に重ね、いちばん上にクリームをかけたもの。ただしストロベリーゼリーを加えるかどうかに関しては議論がある）[1]を編み出している。

最近は、輸入されたものやハウス栽培のものが増え、いちごの季節感が薄れている。しかしひと昔前まで、そのようないちごは値が張ったので、たいていの家庭では、ジャムにしておくのが季節外にいちごを味わう唯一の方法だった。ラズベリーや桃やアプリコットなど、ほかの果物と混ぜて作られるジャムもあるが、ほとんどの人にとって「ジャム」といえば、いちごのジャムのことだ。

いちごジャムはバタートーストに塗って食べる人が多い。しかしパンとパンのあいだに挟んでもいい。英国のジャムとチーズのサンドイッチや、フランスのクレープや、米国のピーナッツバターといちごジャムのサンドイッチ（ＰＢ＆Ｊ）のようにだ。わたし自身は、スコーンに濃厚なクリームといっしょに塗って食べるのが、いちばん好きな食べ方だ（ちなみに、ジャムとクリームのどちらを先に塗るかを巡るデボン＝コーンウォール論争[*2]なるものがある。これにはわたしは中立の立場だ。わたしの舌はどちらもおいしいと感じるので）。

ロシア人は紅茶を甘くしたり、タンニンの渋みを消したりするのに、いちごジャム（やほかの果物のジャム）を使う。これはなかなかいいアイデアだ。わたしは英国式のミルクティーが大好きで、それでないと紅茶を飲んだ気がしないが、たまに気分を変えたいときには、そのまねをしてみることがある。

悪魔の果物

このいちごは農産物としては、きわめて労働集約的な産品だ。特に収穫時に多くの労働を必要とする。りんごやぶどうなどと違って、いちごの実は葉に隠れていて、ときに深く埋もれていることもあるので、まず見つけるのに時間がかかる。そのうえ柔らかく、強く握るとつぶれてしまうので、慎重に摘み取らなければならず、そこでもさらに時間がかかる。

賃金が高い富裕国のいちご農家にとっては、この労働集約性の高さが大きな課題になっている。そのせいで人件費がかさみ、販売価格が高くなってしまうからだ。幹線道路の近くに畑がある小規模な農家であれば、「いちご狩り」という形にし、購入者自身に摘み取りの作業をしてもらうことで、ある程度、この課題に対処できる。しかしそういうことが可能なのはごく一部の農家だけだ。ほとんどのいちご農家は、安い移民労働者を雇うことで人件費を抑えようとしている。

＊2　クリームを先に塗るのがデボン式、ジャムを先に塗るのがコーンウォール式だ。

米国最大の農業州であり、国内のいちごの生産量の80％以上を占めるカリフォルニア州で、安い労働力の主な供給源になっているのは、メキシコだ。カリフォルニア州の農業労働者のじつに約70％をメキシコの出身者が占める。少なくともその半数は「就労許可証」を持っておらず、不法就労の状態にある。(2)

このメキシコからの移民労働者のあいだで、いちごは「ラ・フルタ・デル・ディアボロ」、すなわち「悪魔の果物」と呼ばれる。カリフォルニアで最も賃金が安くて、最もきつく、それゆえ最も不人気な農作業が、いちごの収穫だからだ。(3) いちごの株は背丈が低いので（株の高さは十数センチほどで、苗床の高さも30センチほど）、つねに腰をかがめた姿勢で摘み取らなければならない。そんな作業を毎日10～12時間、休みなく何週間も続けたら、「耐えがたいほど体が痛み、一生治らない損傷を体に負う」(4)。しかもそのような作業に従事する人の賃金はたいてい安く、労働環境も劣悪だ。(5) 就労許可証を持たない労働者は、「合法的」な労働者のわずか半分の賃金で働かされ、しばしば虐待的な扱いを受けている。雇用主も知っているように、それでも警察に助けを求めることはできない。

過去数世紀のあいだに、農業は高度な機械化を遂げた。少なくとも人件費が高い富裕国ではそうだ。牛耕や馬耕、鍬《くわ》、大鎌から、トラクターやコンバインへ、そして最近ではドローンへと機械化が進んだ。*3 しかし、いちごの収穫に関しては、まだ機械化が実現していない。いちごの収穫には、判断（どこに実が隠れているかと、実が十分に熟しているか）と繊細さ（いちごの実は傷つきやすい）が求められるからだ。

しかしそれもようやく変わろうとしている。いちごを摘み取るロボットがついに商品化されようとしているのだ（いちごだけでなく、ラズベリーやトマトやレタスなど、摘み取るのがむずかしいほかの果物や野菜も収穫できる）。現在、数社によって、いちごの実を探して、成熟度を確かめ、傷つけずに摘み取れる収穫ロボットの開発が進められている。(6) それらのロボットの能力はまだ人間には劣る。しかしたえず改良され続けているので、そう遠くない将来、農業のオートメーション化の最後の未開拓領域——いちごの収穫——も征服されるだろう。

仕事から人間が駆逐される

オートメーション化によって脅かされている仕事はいちごの摘み取りだけではない。最近は、人間の仕事のほとんどがまもなくロボットによって奪われ、その結果、おおぜいの人が失業する

*3　農業の機械化は、19世紀初頭に始まった。最初は馬の力を利用したものだった。コンバイン（作物の収穫と脱穀を一台でする機械）が発明されたのは、1880年代だ。20世紀に入ると、内燃機関を使った近代的なトラクターが登場した。最近は、作物の健康状態や、家畜や、灌漑システムを監視するのにドローンが使われている。

だろうという予測が、あちこちで盛んに語られている。そのような不安をとりわけ増大させているのは、機械が人間の手や筋力だけでなく、頭脳の代わりまですることを可能にするＡＩ（人工知能）技術の進歩だ。２０１７年に英『フィナンシャル・タイムズ』紙が立ち上げた双方向のサイト「ロボットにあなたの仕事はできるか?」(https://ig.ft.com/can-a-robot-do-your-job) は、世界じゅうに広がっているこのオートメーション化への不安を象徴するものといえるだろう。

オートメーション化で雇用が失われるというのは、資本主義にはつねについてまわる現象だ。少なくとも過去2世紀半はそうだった（「チョコレート」参照）[*4]。『フィナンシャル・タイムズ』紙に文章を寄せるようなジャーナリストや経済学者や評論家たちは、これまでブルーカラーの労働者たちが失業を恐れて、労力節約の技術の導入を遅らせようとするたび、それを経済の進歩を阻む行為として批判してきた。ではなぜ、そういう記者やコメンテーターが今、急に、雇用へのオートメーション化の影響を心配し始めたのか。

わたしはここに階級意識に根ざした偽善を感じる。知識階級の者たちにとって、テクノロジーを拒むブルーカラーをラッダイト――機械に取って代わられ始めた自分たちの仕事を守ろうとして、機械を打ち壊す運動を繰り広げた19世紀の英国の手工業者たちの呼称――と呼んで批判するのは、簡単だった。自分たちの仕事はオートメーション化されないと思っていたからだ。しかし今、自分や友人たちが属するホワイトカラーの仕事（つまり医薬や、法律や、会計や、金融や、教育、さらには報道すら[*5]）にもオートメーション化の波が押し寄せ始め、自分たちもテクノロジーの進歩のせいで失業する恐れがあること、それればかりか、自分たちの技能そのものが無用の長物と化す恐れがあることに気づいたのだ。

オートメーション化から生み出される新たな仕事

しかし、わたしたちはこの知識階級のパニックに巻き込まれるべきではない。オートメーション化は250年も前からあり、これまで一度として、今、予測されているような大規模な仕事の消滅が起こったことはない。なぜなら、オートメーション化は仕事を破壊するだけでなく、創造もするからだ。

まず、オートメーション化そのものから新しい仕事が生まれる。例えば、ロボットの導入に

*4　1771年、英国の発明家リチャード・アークライトが、自動で糸を紡げる水力紡績機を発明し、1785年、米国のエンジニア、オリバー・エバンズが、世界で初めて全自動の産業工程（製粉工場）を考案した。

*5　すでにAIを使って、簡単な記事を作成したり、スポーツの試合のハイライト場面を編集したりするニュースメディアが登場している。しかしAIはそれよりもはるかに高度なものを作り出せる。好例は、GPT-3（そのAIの名称）だ。2020年9月8日の英『ガーディアン』紙に掲載された記事、「この記事は最初から最後までロボットによって書かれたものだ。人間諸君、どうだ、恐ろしいか？（A robot wrote this entire article. Are you scared yet, human?）」を参照。

よって、いちごの摘み取りの仕事はなくなるかもしれない。しかし同時にロボットの操作や製造、ロボットの部品の製造といった仕事は新たに必要になる。しかも、オートメーション化で生産に必要な単位当たりの労働力は減っても、商品の価格が下がり、商品の需要が増えれば、労働力の需要は増える（ひいては雇用も生まれる）。経済学者ジェイムズ・ベッセンの研究によると、米国では19世紀、1ヤードの綿布を織るのに必要な労働力はオートメーション化で98％減ったが、織工の数は4倍に増えたという。これは綿布が安くなり、綿布の需要が大幅に増えたからだった。[7]

また、オートメーション化は間接的にも雇用を創出する。コンピュータやインターネットの普及で旅行代理店の仕事の多くが失われたが（今では旅の予約は自分でインターネットでするのが当たり前になっている）、旅行業界にはそれによって新しい仕事も生まれた。予約サイトの運営や、エアビーアンドビーなどの民泊仲介サービスを使った宿泊施設の提供や、少人数の専門的なツアーのガイド（これもインターネットで宣伝できるからこそ可能になる）といった仕事だ。加えて、もうひとつ忘れてはならないことがある。それはオートメーション化によって生産性が上がり、それにつれてひとり当たりの国民所得が増えれば、より多様で「高度な」ニーズを満たせる新しいモノやサービスへの需要が生まれ、そこから新しい仕事（高度な教育や娯楽、ファッション、グラフィックデザイン、アートギャラリー）が誕生するということだ。

さらに、わたしたちはその気になればいつでも、政策を通じて雇用を創出するという手段も講じられる。実際、少なくとも1930年代以降、世の中の景気が悪くなり、民間企業が（投資や人員を減らすことで）支出を減らそうとするときには、政府が支出を増やして、需要の水準を引き上げ、それによって民間企業が従業員の解雇を思い留まったり、新たに人を雇ったりするよう仕向けるというのが、標準的な手法になっている。新型コロナウイルスのパンデミックでは、多くの富裕国の政府が民間企業の賃金を補助することで、「余剰」になった従業員の解雇を防いだ（英国政府の「雇用維持スキーム」では、賃金の最大80％が補助された）。しかし政府は規制によっても、雇用を創出できるし、これまでも創出してきた。政府が従事者数の比率を高く定めた規制を導入すれば、教育（1校当たりの教師数）や、医療（1院当たりの医師や看護師数）や、高齢者ケア（1施設当たりの介護士数）といった分野の雇用を増やせるだろう。また、それらの分野は、新型コロナウイルスのパンデミックで明らかになったように、質の高いサービスを維持するためには多くの人手を雇うことが欠かせない分野でもある（「唐辛子」参照）。

このようなさまざまな要因がすべて絡み合い、予想外の効果を生み、長期にわたって影響を及ぼすのだとしたら、ある特定の分野――いちごの収穫であれ、綿布であれ、ジャーナリズムであれ――について、オートメーション化で全体の雇用が減るとか、減らないとかはいうことができない。しかし過去250年間、オートメーション化が続いていながら、ほとんどの人が職に就いていたという事実（多くの場合、理想的な職でなかったかもしれないし、危険な仕事や、過酷な労働を伴うものもあったかもしれないが）に示されているのは、雇用全体へのオートメーション化の影響は今までのところは、ネガティブなものではなかったということだ。

仕事を失っても学び直しの場を

これまでと今とでは状況が違うと反論する人もいるかもしれない。今はこれまでオートメーション化が不可能だった仕事が機械に取って代わられようとしているのだ、と。しかし、いつの時代においても、テクノロジーの進歩というのは、その性質上、実際に実現するまで、ほとんどの人には実現が不可能に思えるものだ。もし1900年の英国で、中流階級の上層のご婦人がたに、数十年後には機械が女中の仕事の大半をするようになるだろうといったら、鼻で笑われただろう。しかしその後、洗濯機や、掃除機や、電子レンジや、冷蔵庫や、調理済みの料理を作る機械などが登場した。もし1950年代の日本で、機械工に、20～30年後には機械（コンピュータ）制御の機械（旋盤）があなたの仕事の大半をするようになるだろうといったら、頭がおかしいと思われただろう。しかし今や、CNC（コンピュータ数値制御）の機械が富裕国の工場では当たり前になっている。[*6] 今から50年後の人々には、どうして21世紀初頭にはホワイトカラーの仕事がオートメーション化できないと思われていたのか、理解できないだろう。

だからといって雇用へのオートメーション化の影響は無視できるというわけではない。オートメーション化によって新しい仕事が生まれる一方で、ある種の仕事が不要になるのは確かであり、不要になる仕事に就いている人たちへの影響は甚大だ。雇用全体へのオートメーション化の影響が長期的にはネガティブなものではないとしても、実際に職を失う人にとってはそんなことは慰めにならないだろう。

理屈では、新しい機械の登場によって自分の技能が時代遅れのものになり、職を失っても、また学び直せば、別の職に就ける。自由市場派の経済学者たちのあいだではそれが前提にされている。現行の賃金率では働きたくないという以外、失業する理由はないというのが彼らの考えだ。しかし現実には、幅広い国の支援がなかったら、そういう労働者が再就職に必要な学び直しをするのは、絶対に不可能ではないにしても、きわめてむずかしいし、学び直しをしなければ、スーパーでの商品の陳列や、オフィスの清掃や、ビルの警備といった、高い技能を必要としない仕事に就くしかない。機械に仕事を奪われた人には、学び直しの期間の生活を支える失業給付や所得補助が必要だ。お金をあまりかけずに学び直せる仕組みも必要であり、そのためには研修機関と本人への補助金も必要になる。またスウェーデンやフィンランドなどの国で導入されている「積極的労働市場政策」を通じた取り組みのように、仕事探しを効果的に（うわべだけでなく）助ける

＊6　1951年に米国のSF作家カート・ヴォネガット・ジュニアが発表した近未来小説『プレイヤー・ピアノ』（ハヤカワSF文庫新装版、2005年）には、未曽有の繁栄を遂げた世界が描かれている。その世界では高性能のCNC機械のおかげで、もはや人間が肉体労働に従事する必要はない。ところが、一握りの経営者とエンジニアと科学者を除くと、大半の人が物質的には満たされ、余暇の時間もふんだんにあるのに、みじめな生活を送っている。やるべきことがほとんどなくなってしまい、自分が社会に必要な人間だと感じることができないからだ。

制度も必要だ。(8)

いちご(ストロベリー)がほんとうはベリーではないのにベリーの代表格になっているのと同じように、オートメーション化も雇用を破壊する最たるもののように見られている。実際は違うのにだ。オートメーション化をありのままに見つめるなら、それが実質的には雇用を破壊していないことがわかるだろう。加えて、雇用の増減はテクノロジーだけに左右されるものではない。その気にさえなれば、社会の行動によって、新しい雇用を創出できる。財政政策や、労働市場政策や、特定の産業に対する規制といった手法を通じてだ。

オートメーション化を冷静に見つめることではじめて、テクノロジー恐怖症(「オートメーション化は悪だ」)も、世界じゅうの若者のあいだに広まりつつある絶望感(「自分は必要とされない」)も克服することができる。

第17章 チョコレート

スイスは世界一の「工業国」という事実

フェルナンダのブラウニー（筆者のノルウェーの友人、フェルナンダ・レイナートのレシピ）
砂糖、小麦粉、卵、ベーキングパウダーと
たっぷりのココアパウダーで作る、超濃厚なブラウニー

ここでひとつ白状すると、じつはわたしはある依存症だ。

1960年代半ば、よちよち歩きの頃にその耽溺《たんでき》は始まった（早熟な子どもだったのだ）。わたしが生まれて初めて夢中になった非合法の物質は、米軍キャンプから密かに持ち出され、韓国の闇市で売られていた。

それはM&M'Sと呼ばれる代物だった。

チョコ、チョコ、チョコ！

M&M'Sの闇市なんて、信じられないかもしれないが、作り話ではない。当時の韓国では、国の産業化に直接必要とされる機械や原材料以外、あらゆるものの輸入が禁じられていた。乗用車も、テレビも、ビスケットも、チョコレートも、果てはバナナもだ。自動車やテレビを外国から持ち込むのはむずかしかったが、山っ気がある韓国人たちは、当時国内に点在していた米軍基地から（現在も一部残っている）、もっと小型の消費財を大量に「密輸」していた。缶詰類（ドールのフルーツカクテルとスパムが特に人気だった）や、粉ジュース（もちろん銘柄は「タン（TANG）」だ！）や、ビスケットや、チューインガムや、チョコレートといった品だ。それらの品はいったん行商人にまとめて買い取られたのち、行商人から懐に余裕のある中流家庭の人々に売られていた。

M&M'Sやハーシーのミルクチョコなど、チョコレートはとりわけ人気が高かった。1967年まで韓国ではチョコレートが生産されたことがまったくなく、本格的な生産が始まったのは1975年だった。その年に、ガーナ産のカカオ豆を原料とするその名も「ガーナ」という板チョコが菓子メーカー、ロッテから発売された。「ガーナ」は韓国で最も息の長いチョコレートブランドとなり、今でも売られている。

このM&M'Sの時代から、わたしはおよそ60年にわたって、あらゆるカカオ豆製品の誘惑とたえず闘い続けてきた（そしていつも負けてきた）。

高級チョコレートブランドのものでは、（偏愛するブランドはないのでアルファベット順に並べるが）ホテルショコラ（英国）、リンツ（スイス）、ピエールマルコリーニ（ベルギー）、レプブリカ・デル・カカオ（エクアドル）、ヴァローナ（フランス）の板チョコや、トリュフや、フロランタンなど、数々の極上品がそうだ。原料に特定の産地のカカオ豆が100％使われている板チョコに高い価値を見出したり、しばしば商品の売りにされている風味の差（例えば、ベネズエラ産のカカオ豆とトリニダードトバゴ産のカカオ豆の風味の差など）について蘊蓄《うんちく》を傾けたりするほど、わたしの舌は肥えていないが、高級ブランドならではの味の濃さや深さには抗《あらが》いがたい魅力を感じる。

とはいっても、そのような洗練されたチョコレートが好きだからといって、けっして気取っているわけではない。わたしはあらゆるタイプのチョコレートを食べる。

しばしば食べるのは、キャドバリーの「デイリー・ミルク」や、ガーナの「チョコレートバー・カカオ70％以上」や、有名チョコレートメーカーの箱入りのしゃれたトリュフなど、ごく一般的に売っている信頼できるチョコレートだ。チョコレート好きの中には、ハーシーの板チョコはチョコレート成分が少なすぎておいしくないなどと、いささか失礼なことをいう者もいる。特にヨーロッパに多い。BBCの報告によると、ハーシーの板チョコのチョコレート成分の含有率はわずか11％だという。チョコレートの含有量が少なすぎて、みずからは「チョコレート」と名乗っていない板チョコ、キャドバリーの「デイリー・ミルク」ですら、その倍以上（23％）含んでいる。(1)

しかしわたしは、ハーシーの味もとても好きだ。M&M'S時代に覚えた味に親しみがあるのだろう。なんにせよ、わたしにとって、チョコレートはチョコレートだ。70%だろうと、23%だろうと、11%だろうと、チョコレートであることに変わりはない。

チョコレートに何かを足すとするなら、わたしはピーナッツに1票を投じたい。ピーナッツ入りのM&M'Sや、さまざまなリーセスの商品を思い出せば、誰でもそうしたくなるだろう。わたしが好きなのは、なんといっても、スニッカーズだ。ほかには、1粒のアーモンドがまるごとチョコレートで包まれたものも、ナッツの小片がちりばめられたトブラローネの山形の板チョコも、3個入りのパッケージでおなじみのフェレロ ロシエのチョコレートボール（ローストされた1粒のヘーゼルナッツがチョコレートと、砕かれたヘーゼルナッツで包まれている）も、いつ食べても思わず満面の笑みを浮かべてしまう。

チョコレートに果物を加えることには全面的には賛成できないが、オレンジとチョコレートの組み合わせには大賛成だ。テリーズの「チョコレートオレンジ」（オレンジにそっくりの形をしたオレンジ風味のチョコレート）でも、オレンジスライスの砂糖漬けをダークチョコレートで包んだものでも、ジャファケーキ（オレンジジャムとチョコレートを塗ったビスケット）でも、なんでもこいだ。

小麦粉を（バターなどの油と、砂糖といっしょに）使えば、まったく次元の違う世界が創造される。チョコレートブラウニー、チョコレートファッジケーキ、チョコレートギネスケーキ、フォンダンショコラ、シュヴァルツヴェルダー・キルシュトルテなどなどだ。さらにはビスケットとクッキーがある。ビスケットチョコレートでは、もちろんキットカットとツイックスもおいしいが、わたしがいちばん好きなのはダイジェスティブビスケットと組み合わせたものだ。それからチョコチップクッキーなら、メリーランドのでも、ペパリッジファームのでも、スーパーのプライベートブランドのでも、家庭で焼いたのでも、あればあるだけ食べてしまう。

最後にもうひとつ、忘れてならないのは、チョコレートには菓子以外の食べ方もあるということだ。今でこそ紅茶やコーヒーを飲むようになり、あまり飲んでいないのだが、子どもの頃は、飲むチョコレート（当時、韓国ではココアと呼ばれていた）が大好きだった。また、わたしはアイスクリームはさほど好きではないのだが、チョコレートがなんらかの形で入っていれば、迷わず食べる。ときどきカカオニブ（カカオ豆を焙煎《ばいせん》して、細かく砕いたもの）を朝食のシリアルや、ヨーグルトや、アイスクリームにかけることもある。最近、友人からチリコンカン（メキシコのビーフシチュー）にダークチョコを数かけら入れるとおいしくなると教わった。これはほんとうに驚くほどおいしい。メキシコに行くときには、モレ・ポブラーノと呼ばれるチョコレートとチリソースで味つけされた鶏肉料理を食べるのを楽しみにしている。

まだいくらでも続けられるが、これぐらいでわたしがいいたいことはわかってもらえただろう。

飲み物から食べ物へ

チョコレートはカカオという木（学名はTheobroma cacao）になる実から作られる。発祥の地はメソアメリカだが、代表的な生産地は別の地域にある。コートジボワール、ガーナ、それにインドネシアが、現在のチョコレートの三大生産国だ。異説もあるが、カカオの木が初めて栽培化されたのは、今のエクアドルとペルーのあたりだと考えられている。

今のメキシコの地域で栄えた文明（オルメカ、マヤ、アステカ）ではカカオの活用が盛んだった。アステカ人は大のカカオ豆好きで（もちろん厳密にいえば「豆」ではなく、カカオの種や莢《さや》だが）、とうもろこしのピューレとチョコレートを混ぜ、そこに唐辛子とオールスパイスとバニラを加えた冷たい飲料を作っていた。カカオの木はアステカ人が暮らす山岳地帯では育たなかったので、アステカ文明ではカカオ豆がとりわけ貴重なものとされた。マヤ人とアステカ人はカカオ豆を貨幣に使っていたといわれている。

16世紀に入ると、スペインがアステカ王国を征服し、メキシコからチョコレートを持ち帰った。英語の「チョコレート」は、アステカの言葉の「ショコラトル」に由来する語だ。

当初、チョコレートは飲み物としてヨーロッパにもたらされた。アステカではもともと飲み物だったからだ。ただし、その頃にはメキシコのスペイン人たちがアステカ人のレシピに手を加え、その飲み物から唐辛子を取り除いて、代わりに砂糖や蜂蜜を加えるようになっていた。17世紀以降、(飲み物の)チョコレートは急速にヨーロッパ全土に広まり始めた。

固形のチョコレートが登場したのは、1847年だ。その年、クエーカー教徒が営む英国の三大菓子メーカーのひとつ、ブリストルのフライズ(ほかの2社はバーミンガムのキャドバリーとヨークのラウントリーズ)が、世界で初めて板チョコの大量生産を開始した。

チョコレート飲料にミルクを入れる習慣は200年以上前から広まっていたが、最初の板チョコはミルクチョコではなくダークチョコだった。これはダークチョコのほうが人気が高かったからではない。板チョコにミルクを入れる試みがことごとく失敗したせいだった。ミルクを入れると、どうしても汁気が出て、そこから黴《かび》が発生してしまった。

この問題を解決したのは、ふたりのスイス人だった。1875年、スイスのチョコレート職人ダニエル・ペーターが、スイスの乳製品技術の魔術師アンリ・ネスレによって発明された粉ミルクを使うことで、世界で初めてミルクチョコレートの板チョコを作ることに成功した。その後、ふたりはほかの者たちと協力して、のちに世界最大の食品メーカーに成長するネスレ社を立ち上げた。

1879年には、やはりスイスの企業であるリンツが「コンチング」という製法を発明して、チョコレートに第二の革命を起こした。これは機械で材料をたっぷりかき混ぜることで、チョコレートの食感と風味をよくする製法だった。こうしてスイスは高級チョコレートの代名詞的存在となった。

チョコレート大国スイスの正体

多くの人から、スイスで生産されているのは高級チョコレートだけ、そのほかにはせいぜい、超高級腕時計（新興財閥の創業者か、銀行家か、スポーツのスター選手くらいしか買えない腕時計）があるだけだと思われている。ものをほとんど作らず、もっぱらサービス業で生きている国というのが、世界に広まっているスイスのイメージだ。

これは悪くいえば、スイスは第三世界の独裁者から預かったブラックマネーを秘密の口座で管理し、鳩時計とカウベルのような安っぽい土産物（最近はきっとそれもすべて中国製だろう）をお人好しの米国人や日本人の観光客に売ることで生計を立てている国ということになる。よくいえば（こちらのほうがいわれることが多いが）、製造業ではなく金融や高級志向の観光といったサービス業で繁栄するスイスは、脱工業化経済のお手本ということになる。

１９７０年代に登場した脱工業化論の出発点をなしているのは、人々は裕福になるにつれ、より洗練されたものを欲するようになるという単純ながら説得力のある考えだ。ひとたび人々の腹が満たされると、農業は衰退する。服や家具など、ほかの基本的なニーズが満たされれば、電気製品や自動車など、さらに洗練された消費財が求められるようになる。世の中の大多数の人がそれらを手に入れると、消費者の需要はサービスへと向かう。外食、演劇、旅行、金融商品といったものだ。この時点から、工業は衰退し始め、それに代わってサービス業が経済の主役になる。ここに脱工業化時代が始まる。

この脱工業化論が勢いづいたのは、世界じゅうの富裕国で、生産高と雇用の両面で、製造業の重要性が薄れ、サービス業の重要性が高まった1990年代だった。とりわけ中国が世界最大の工業国として頭角を現すと、脱工業化論の支持者たちは、製造業は今後、中国のような人件費の安い、ローテクの国で行われるものになり、富裕国では金融やIT（情報技術）やコンサルティングといった高度なサービス業が産業の中心になるだろうと論じた。

この議論の中で、サービス業への特化で高い生活水準を維持できることを証明した国として、しばしば引き合いに出されてきたのがスイスとシンガポールだ。インドやルワンダなど、途上国の中には、脱工業化論やスイスとシンガポールの事例に刺激を受け、工業化の段階をある程度飛ばして、最初から高度なサービス業に特化した輸出国になることで、経済発展を遂げようと取り組んでいる国もある。

脱工業化論者の誤解

しかし脱工業化論者にはあいにくだが、現実には、スイスは世界一の工業国だ。スイスの国民ひとり当たりの製造業生産高は世界で最も高い。(2) 確かに「メイド・イン・スイス」の製品はあまり見かけないかもしれない。しかしそれはひとつには国の規模が小さいからだし（人口わずか900万人程度）、またひとつには、一般の消費者の目に触れない、経済学でいうところの「生産財」（機械、精密設備、工業用化学物質）の製造に重点を置いているからでもある。

興味深いことに、世界第2位の工業国はどこかというと、脱工業化の成功例としてスイスとともに語られることの多いシンガポールなのだ。スイスやシンガポールを脱工業化やサービス経済化の手本に使うのは、ビーチでのバカンスを宣伝するのにノルウェーやフィンランドを使うようなものではないだろうか。

脱工業化論の支持者たちは、最近の経済に起こっている変化の本質を、根本的に見誤っている。脱工業化の主な原動力になっているのは、生産性の変化であって、需要の変化ではないのだ。

このことは雇用面に着目すると、わかりやすい。製造工程がどんどん機械化されているので、同じ製造業生産高を達成するのに必要な労働力は減っている（「いちご」参照）。機械や産業用ロボットの助けを借りれば、今の労働者は親の世代に比べ、何倍も多くのものを生産できる。半世紀前、富裕国では製造業に携わる人が労働力人口の約40％を占めていた。しかし現在では、労働力人口の10～20％で、同じか、ときにそれ以上の製造業生産高を実現している。

生産高の動向はそれよりいくらか複雑だ。確かに、富裕国の経済では製造業の重要性が低下し、サービス業の重要性が高まっている。しかしそういうことが生じているのは、脱工業化論者たちがわたしたちに信じ込ませようとしているのとは違って、絶対値でサービスの需要が工業製品の需要以上に伸びているからではない。サービスの価格が相対的に工業製品より高くなっているのがその理由だ。なぜ高くなっているかといえば、製造業の生産性の上昇率がサービスの生産性の上昇率を上回っているからだ。

コンピュータや携帯電話の値段が、過去20~30年間でどれほど安くなったか、それと比較して理髪や外食の値段はどうだったかを考えてほしい。そのような相対的な価格の変化の影響を差し引いたら、国内の生産高に占める製造業の割合の低下は、ほとんどの富裕国(英国以外)で微々たるものであり、一部の国(スイス、スウェーデン、フィンランド)では逆にその割合は上昇さえしている。(3)

製造業は技術革新の源泉

脱工業化論でいわれているのとは違い、工業製品を生産する能力に競争力があるかどうかは、今も、一国の生活水準を左右する最も重要な要素だ(「片口鰯」も参照)。

製造業に取って代わると考えられている生産性の高いサービス業——金融、運輸、業務サービスなど(例えば、コンサルティング、エンジニアリング、デザイン)——の多くは、製造部門がなかったら、存在しえない。製造業がその主要な顧客だからだ。それらのサービスが「新しい」ように見えるのは、かつては製造業の企業内で手がけられていたものが（したがってその生産高は、製造業の生産高に計上されていた）、最近は、専門業者によって提供されるようになったからにすぎない（したがってその生産高は、サービス業の生産高に計上される）。[*1] スイスやシンガポールなどのように、製造業が強い国はサービス業も強いのはそのためだ（ただし、サービス業が強いからといって、製造業も強いとは限らない）。

加えて、製造業は今も技術革新の大きな源泉だ。米国と英国では経済生産高に占める製造業の割合はわずか10％前後でありながら、研究開発の60～70％が製造業部門で行われている。ドイツや韓国など、もっと製造業の比重が大きい国ではその数字は80～90％にのぼる。

現在を脱工業化の時代と捉えるのは、米国と英国にとってはとりわけ有害だ。1980年代以降、両国は製造業部門をおろそかにしてきた。特に英国はそうだ。その背景には、製造業の衰退は自国経済が工業化社会から脱工業化社会へ移行しようとしているよい兆候であるという幻想があった。この幻想は、製造業の衰退に対して無策だった政策立案者たちに、都合のいい言い訳を与えた。

代わりに、過去20～30年のあいだ、米英の経済は金融部門の過度な発展に支えられてきた。2008年の世界的な金融危機で経済が崩壊したあとの、弱々しい経済回復の土台になったのも（以来、経済学者のあいだでは「長期停滞論」も語られている）、やはり別の金融（と不動産）のバブルであり、それを可能にしたのは歴史的な低金利と、[*2] 中央銀行の主導によるいわゆる「量的緩和策」

だった。

2020年から22年にかけての新型コロナウイルスのパンデミックでは、米英の金融市場が実体経済と無関係であることが明らかになった。パンデミックの最中、両国の株式市場は史上最高値を記録した。実体経済はどん底の状態で、一般の人々が失業や収入の減少に苦しんでいたときにだ。米国流の表現を使うなら、ウォールストリート（金融界）とメインストリート（実体経済）とは、もはや互いに交わらないまったく別々のものになっているということだ。

メイド・イン・スイスの力

今までに買ったことのある「メイド・イン・スイス」の製品がたとえチョコレートだけだったとしても（スイスに行ったことがなければ、たいていそうだろう）、そのことに惑わされてはいけない。スイスの成功の秘密は、世界最強の製造業部門にある。多くの人が思っているように銀行や富裕

＊1　このような理由から、これらのサービスはサービス業ではなく、製造業の活動に分類されるべきだという意見もある。この点については、政治経済学者のヨースタイン・ハウゲから貴重な指摘をいただいた。

＊2　英国では、イングランド銀行の1694年の創設以来、一度も経験したことのない水準にまで金利が低下した。

層向けの観光にあるわけではない。そもそも、スイスのチョコレートが世界的な名声を博しているのも、製造業部門の創意工夫があったからだ（粉ミルクの発明、ミルクチョコレートの開発、コンチング製法の考案）。サービス産業の競争力のおかげではない。例えば、銀行が板チョコの購入者のために便利な支払い方法を編み出すとか、広告代理店が洗練されたチョコレートのマーケティングキャンペーンを展開するとか、そういう能力のおかげではない。

脱工業化論では自説に都合のいいようにスイスがロールモデルとして使われているが、そのような議論は、よくても世の中に誤解を広めるだけだし、悪くければ、実体経済を損ねるだろう。わたしたちは今、そういう議論を信じることで、みずからを危険にさらしている。

結論

自分に合った（経済学の）食べ方

この本の内容が風変わりであることは、わたしもよく承知している。

この本では数々の食べ物の話をした。中には、みなさんが食べてみようという気になれないものもあったかもしれない。どんぐりや、蚕や、こおろぎなどはきっとそうだろうし、人によっては、にんにくや唐辛子もそうだろう。それらの食べ物の生物学的な特徴や来歴、地理的な起源や伝播、経済的・社会的な歴史、政治における象徴性についても、たびたびわたしの個人的な体験談（や、やみつきになっている食べ物の話）を交えながら、論じた。調理法も、「揚げる」から「煮る」「火であぶる」「いぶす」「焼く」「蒸す」「塩で漬ける」「酢で漬ける」「発酵させる」「生で食べる」まで、いくつも紹介した。また世界各国の料理を取り上げて、比較し、その普遍的なおいしさや、独特の味わいや、各国料理の融合についても語った。

そうすることを通じて、わたしたちはさまざまな時代と場所を旅して回った。「どんぐり」の旅では、現代の韓国の山の頂きから出発し、異端審問時代のスペインの路地、11世紀のバグダッドの科学者の研究室、20世紀初頭の日本の工場を経て、最後にはまた現代の韓国の銀行に戻ってきた。「オクラ」の旅では、大西洋の奴隷船に乗り、奴隷の労働で成り立っていたサン・ドマング（現在のハイチ）の砂糖プランテーションを訪れ、アメリカ大陸の大草原地帯に移住した農民に会い、米国の先住民に対する迫害を目撃し、ピノチェト将軍の軍事政権下に置かれたサンティアゴの通りで身をすくめた。

これらの食の旅では、行き先がすぐに予測できることもときにあった。例えば、片口鰯の話から一次産品への依存の問題の話になることや、いちごの話から雇用へのオートメーション化の影響の話になることは、だいたい想像がつくだろう。しかし、多くの場合、行き着いた経済の話題や、そこへ行き着くまでの経路は、われながら、常識外れというか、かなり突飛なものだった。*1 わたしのようにひねくれた頭脳の持ち主でなかったら、相手に噛みつくサッカー選手の話をしていて、いつの間にか世界貿易機関（ＷＴＯ）の批判の話になるとか、壊血病の話から始めて、気候変動の経済学の話に至るとかいうことはおそらくありえないだろう。

経済学を自分なりに食べてみよう

このふしぎな「旅」を通じて、みなさんがそれぞれ自分に合った経済学の「食べ方」を見つけてくれていたら、うれしい。食べることに関しては、誰もが自分の判断で食材を買い（しばしば予算の制約を受けるが）、それを組み合わせ、調理し、ときに新しいアイデアを試す（母親から教わったレシピに手を加えるのであれ、インスタグラムで見た料理を自分好みにアレンジするのであれ）ということをしている。経済学もそうあるべきだ。経済学をどう学んだり、どう批判的に掘り下げたり、どう利用したりするかは他人に指図される必要はない。誰もが自分で自分にいちばん合ったやり方を見つけることができるのだ。

ただ、40年間、経済学を研究し、実践してきた人間として、経済学の「食べ方」についていくつかの助言はできると思う。それを以下に述べよう。

ひとつめは、いろいろなものを食べようということ。偏食はよくない。この本では、できるだけさまざまな経済学の観点を紹介するように努めた。同じ問題についても、観点によって意見が

＊1　自分のいわば「意識の流れ」に従った結果ではあるが、アラン・ベネットやW・G・ゼーバルトが得意とした叙述スタイルの評判に傷をつけるようなことはしていないと思いたい。

異なることがしばしばある（例えば、「鶏肉」の章で取り上げた不平等の問題など）。場合によっては、ある観点から見えないことが、別の観点からは見えることもある（「唐辛子」の章で焦点を当てた、フェミニストの観点から見たケア労働など）。あるいは、異なる観点どうしが互いに補い合うこともある（「バナナ」の章で論じた、多国籍企業についての肯定的な見方と否定的な見方のように）。経済学の多様な観点を味わってみることで、異なる食材や異なる料理を幅広く食べるのと同じように、経済学の食事をより豊かで、よりバランスの取れたものにできる。

ふたつめは、心を開き、新しいものを試そうということ。わたし自身は、にんじんは料理にしか使われない食材であるという先入観を克服して、にんじんケーキが好きになった。逆に、みなさんの中に、トマトは料理（パスタのソースや、サラダや、シチューなど）にしか使われないものと思っているかたがいたら、一度は、トマトを「果物」と見なして、韓国人がやるように砂糖をまぶして食べてみてほしい（「にんじん」参照）。かつては食に関してあれほど頑迷固陋《がんめいころう》だった英国人が、今や世界一といっていいほどいろんな料理を受け入れられるようになったのだから（「にんにく」参照）、経済学でわたしたちが同じことをするのもむずかしくないはずだ。たとえ自分が信奉する経済理論のよさをさらによく知り、その長所と短所を十分に理解するためだけでも、ほかの経済理論を学ぶ価値はある。

３つめは、食べ物に関しては多くの人がしているように、「料理」に使う「材料」の出所を確かめようということ。プロの経済学者というのはたいてい、世界の人々から自分たちがしていることを、物理学や化学と同じように、疑問の余地のない前提と客観的な事実にもとづいた科学であると認めてもらいたいと思っている。しかし経済学の分析は往々にして、作り話や、一応「事実」ではあるが紛らわしいいい方をされていることや、疑わしかったり、はっきりと誤りであったりするのに、常識とされ、問われることすらなくなっている前提にもとづいている。分析がそういう質の低い「材料」にもとづいていれば、できあがる「料理」は、栄養の乏しいものにならざるをえず、悪ければ、健康を損ねるものになる。

経済学の作り話の最たる例は、英国や米国が世界経済の覇権を握れたのは、自由貿易と自由市場の政策を推し進めたからであるという、歴史的な事実をゆがめた説だ。実際には両国とも、徹底的な保護主義政策を取ることで自国産業を育てたのだ（「えび」「牛肉」参照）。無償のケア労働がＧＤＰの計算から除外されていることには、生産高の数字のような紛れもない「事実」も、誤った結論につながりうることが示されている。その「事実」は現実の一部しか伝えていなかったり、偏った捉え方をされていたりすることがあるからだ（「唐辛子」参照）。貧しい国が貧しいのは、人々が勤勉に働かないからであるという世に流布している説は後者の典型的な例だろう。そのような偏見は、貧しさを生んでいる構造的な要因から人々の目をそらさせ、問題の解決を遠のかせる（「ココナッツ」参照）。

そこで必要になるのが、入念な「ファクトチェック」だ。またそれ以上に、「事実」がどのような理論的根拠にもとづいて取り出されているかを確かめることが重要になる。どれだけ経済理論が優れていても、現実の捉え方が誤ったり、偏ったりしていたら、有益な分析結果は得られない。米国流のいい方をすれば、「ごみを入れたら、ごみが出てくる」ということだ。

4つめは、想像力を働かせようということ。一流の料理人（必ずしも有名なシェフがそうだとは限らない）には豊かな想像力がある。一流の料理人は、ありふれた料理をさらにおいしくするには、あるいは一から作り変えるには、「肝心」な材料を省く必要があることを見抜ける。見捨てられていた材料に新しい息吹を吹き込み、ありふれた材料の新しい使い方を考え出せる。流行の料理に飛びつきはしないが、人気を博している理由を見抜き、そこから学ぶべきことを学ぶ。そして何より、優れた料理人には、料理の既成概念を打ち破ったり、異なる伝統の料理どうしを融合させたりする想像力がある。

優秀な経済学者（学術界の経済学者ばかりでなく、政策立案者や、社会運動家や、教養のある市民も含め）も、想像力に富んだ料理人と同じことを経済学でやってのける。つまり、肝心な材料（「経済的な自由」など。「オクラ」「牛肉」参照）を省くことができ、既存の材料を別の目的に使うことができ（社会民主主義者が「反社会主義」の福祉国家で行ったことを思い出してほしい。「ライ麦」参照）、見捨てられていた材料をよみがえらせることができる（例えば、発明に報酬を与える制度を通じて。「にんじん」参照）。また、流行に左右されはしないが、流行が生まれた原因を理解し、そこに学ぶべきことを見出せる。

さらに、一流の経済学者ともなれば、一流の料理人と同じように、異なる理論を組み合わせて、バランスの取れた観点に立つことができる。市場には長所と短所があることも理解しているし（「ライム」「コカ・コーラ」など参照）、起業家が持てる才能を存分に発揮するためには、国家による支援と適切な規制が欠かせないことも知っている。個人主義の理論と社会主義（またはもっと広く、集団主義）の理論を組み合わせ、それを人間の能力についての考察で補強することで、不平等（「鶏肉」参照）や、ケア労働（「唐辛子」参照）や、社会保障制度（「ライ麦」参照）といった問題について、あたう限りまったき見方をしようと努めている。

どういう食事をするのがいいかは誰もが自分で考えなくてはならない。それと同じように、経済についても、また、自分たちが暮らし、共有している世界についても、わたしたちひとりひとりが自分なりに理解する（そして変える）方法を見つけなくてはならない。自分自身の健康や財布のためにも、食べ物を作っている人のためにも、世界から飢えをなくすためにも、そして今まで以上に地球のためにも。

謝辞

この本ができあがるまでには長い紆余曲折があった。食べ物の話と絡めて経済の話をすることを思いついたのは、わたしにとって初の学術書以外の著書となる『悪しきサマリア人（Bad Samaritans）』を書き上げたあとだった。2006年のことだ。ふだんは経済学に興味のない一般の人々の気を引く方法として、なかなかいいアイデアだと思えたし、わたし自身の二大関心事（経済学と食べ物）を同時に取り上げる絶好の口実にもなった。具体的な時期は思い出せないのだが、2007年のあるときに、あらましをざっと考え、2章を実際に書いてみた。「どんぐり」と「片口鰯」の章がそうだ。

しかし、その後、あれこれと思わぬことが起こって、執筆は中断を繰り返した。2008年、世界的な金融危機が発生すると、わたしは目の前の経済危機のことをもっと直接取り上げた本を書きたくなった。それが2010年刊行の『世界経済を破綻させる23の嘘』だった。その本のあとは、この「食べ物本」（と当時は呼んでいた）の執筆を再開するつもりでいたのだが、そこでペンギン・ブックス社からペリカン叢書の新シリーズの第1巻を書いてほしいという「断ることのできない依頼」を受けてしまった。

その本が『ケンブリッジ式 経済学ユーザーズガイド』として2014年に刊行され、いよいよ「食べ物本」を書き進められると、ちょうど意気込んでいたときだった。翌2015年、『フィナンシャル・タイムズ』紙の週末版『FTウィークエンド・マガジン』に、食べ物と経済学を巡るわたしのエッセイが、「食を考える」というシリーズ名で掲載してもらえることに決まった。与えられた字数はわずか700ワードだったが、おかげで「どんぐり」と「片口鰯」の文章に磨きをかけるいい機会になった。本書のほかのいくつかの章（「にんじん」「鶏肉」「えび」「コカ・コーラ」「スパイス」）も、この連載で書いたエッセイがもとになっている。『FTウィークエンド・マガジン』の編集主任キャロライン・ダニエルと、編集部員イザベル・バーウィック、スー・マティアス、ナタリー・ウィットルの支援と助言に感謝申し上げる。

このような足がかりになる機会に恵まれながらも、まだ「食べ物本」に本格的に着手できなかった。連載が終わるとすぐ、ほかのことで忙しくなってしまったからだ。特に大学の運営の仕事に多くの時間を取られた。2010年代末には、最初に本のアイデアを思いついてから10年以上が過ぎ、このままでは、この本も作家たちがいつか書くといいながら書かずに終わる、あまたの本の仲間入りをしてしまいそうだった。

なんとしてもそれを避けたかったわたしは、2020年、ついに覚悟を決めて、わたしのエージェントであり友人でもあるアイヴァン・ムルカイとともに、この本が「日の目を見る」よう取り組み始めた。アイヴァンは2007年にこの本のアイデアが生まれたときから相談に乗ってくれていたが、わたしが執筆に真剣になると、まずはこの本のはっきりとした概念的な枠組みを考えなくてはいけないといってくれた。さもないと、とりとめのない「ごちゃまぜ」の代物になってしまう、と。確かにそのとおりだった。そこで書き上げたのが「にんにく」の章だった。そのあとは執筆がぐんぐんとはかどるようになった。はっきりとした概念化が必要であることをわたしに気づかせてくれるとともに、文章を研ぎ澄まし、議論の質を高めるのを助けてくれたアイヴァンに心から感謝したい。

この本のように構想の期間が長きにわたる場合、親しい友人たちは得てして同じ経験をすることになる。同じ話をうんざりするほど聞かされるという経験だ。何せ同じ人間が10年以上、同じ本のことばかりを繰り返し話すのだから。ジョナサン・アルドレッド、アディティア・チャクラボーティ、クリス・クレイマー、ジョナサン・ディ・ジョン、フェリックス・マーティン、ディーパク・ネイアーは、そんな災難な目にあった友人の中でもとりわけ傑出した面々だ。このすばらしい友人たちは、わたしの物思いにふけったような言葉や大言壮語に辛抱強く耳を傾けてくれただけでなく、多年にわたって、さまざまな形で書かれた各章を読んで、貴重な助言をしてくれた。特にダンカン・グリーンのことはここに書いておきたい。この本がまだ2ページの梗概と2章の下書きにすぎなかった頃から、ダンカンはこの本についてわたしと論じ合ってくれた。それから何年ものあいだ、さまざまなバージョンの各章を読んでくれ、しかもある章ではメインキャラクターとして登場してくれてもいる。

ひとたび執筆が軌道に乗ってからは、ふたりの編集者に大いに助けられた。ペンギン・ランダムのローラ・スティクニー（『ケンブリッジ式 経済学ユーザーズガイド』でもお世話になった）とパブリック・アフェアーズのクライブ・プリドルだ。ふたりは内容や編集上の問題について数々の貴重な指摘をしてくれただけでなく、わたしが当初思い描いていたよりもはるかに刺激的で、創造的なものに本書を仕上げられるよう導いてくれた。

執筆の過程では、友人たちから多大な協力を得た。大学院時代の恩師ボブ・ローソンは、原稿を通読し、有益でなおかつ勇気づける助言をしてくれた。フェデリコ・ベニングホフとヘレナ・ペレズ・ニーニョはすべての章を読むとともに、該博な知識と経済の論理で本書の議論に奥行きをもたらしてくれた。ペドロ・メンデス・ローレイロはほとんどの章を読んで、主張にもっと磨きをかけるよう叱咤《しった》してくれた。ヨースタイン・ハウゲとジョアン・シルバもすべての章についてたいへん役に立つ指摘をしてくれた。マテウス・ラブルニとアンディ・ロビンソンは多くの章を読んで、経済学と食べ物の両方に関して、示唆に富んだ意見を聞かせてくれた。

バプティステ・アルバートン、ファディ・アマー、アントニオ・アンドレオニ、ジミー・チャン、ハソク・チャン、レダ・シェリフ、シルバナ・ダ・パウラ、ゲイリー・ディムスキ、テリー・フライ、ファアード・ハサノフ、エイミー・クラツキン、ジョン・ランチェスター、アミール・レブディウイ、ジョンウン・リー、コナー・ミューセン、デイビッド・ピリング、ニコラス・ポンス＝ビニョン、ジェイムス・プツェル、セバスティアン・トレスからも、各章についてたいへん貴重なご教示をいただいた。

本書を書くための調べ物は、多くの若い人たちが何年にもわたってしてくれた。それらの調べ物がなければ、経済学の面でも、食にまつわる話の面でも、本書の内容ははるかに貧弱なものになっていただろう。このことではマリット・アンドレアセンとアナ・リマーのすばらしい仕事ぶりをぜひここに特筆しておきたい。また、バプティステ・アルバートン、ジンギュ・チャン、マテウス・ラブルニ、ニック・テスタも、調べ物を手際よく、理知的に手伝ってくれた。

食の経験は、何よりも自分の家族によって形成されるものだ。よい食事とはどういうものか、食事が心身の健康や社会の絆にとっていかに大切かを教えてくれた両親に感謝したい。母はこれまでに数え切れないぐらいたくさんのおいしい料理を作ってくれた。父はわたしやきょうだい、それにのちにはわたしの妻や子どもたちを、数々のおいしいレストランに連れていってくれた。妻の母はわたしの母とはまた違った食の世界にわたしを引き入れてくれた。彼女は多彩な凝った料理で知られる韓国南西部の全羅道《チョルラド》の出身、わたしの母は、素朴で栄養満点の料理で知られる、今は北朝鮮になっている地域の出身だ。妻の父は食通で、わたしたち一家をすばらしい料理でたびたびもてなしてくれた。この本を書き始めた頃にその義父がこの世を去ってしまったことは、わたしのこれまでの人生でいちばん悲しい出来事だった。

妻のヒジョン、娘のユナ、息子のジンギュはこの15年間、折に触れ、この本に時間を割いてくれた。わたしといっしょにこの本に出てくる食べ物を買いに行ったり、食べたり、料理したり、あるいは、その食べ物についてのおしゃべりにつき合ってくれたりした。そのようなときに思いがけず、本書の食べ物に関する話を発展させたり、洗練させたりするアイデアが得られることもあった。家族はわたしにとって、分野に関係なく(経済学でも、歴史でも、環境でも、科学でも)、アイデアを思いついたときにまっさきに聞いてもらう相手であり、しばしば先生でもあった。3人ともすべての章を読んでくれて、貴重な指摘をしてくれた。とりわけヒジョンは、わたしが原稿を書き直すたび、それを読んで意見をいってくれたほか、執筆の難所を乗り越えるのを助けてくれた。中でも感謝しているのは、ケア労働の章(「唐辛子」)を書くのを手伝ってくれたことだ。ケア労働はわたしが以前から重要なテーマとして注目していながらも、それについて書く力がまだ自分にはないという気後れがあった。今回、そのテーマを取り上げて調べ、書くことを通じて、多くのことを学んだ。妻と、ユナと、ジンギュに本書を捧げる。

2022年3月

ハジュン・チャン

索引

サ行

タ行

ナ行

ハ行

マ行

ヤ行

ラ行・ワ行

原注

序章　にんにく

1　データは韓国の農林畜産食品部による。

2　http://library.mafra.go.kr/skyblueimage/27470.pdf, p. 347.

3　ISMEA (Institute of Services for the Agricultural Food Market), Il Mercarto dell'aglio, p. 9, http://www.ismeamercati.it/flex/cm/pages/ServeBLOB.php/L/IT/IDPagina/3977.

4　FranceAgriMer, the National Institute of Agricultural Products and Sea Products, https://rnm.franceagrimer.fr/bilan_campagne?ail.

第1部　先入観を克服する

第1章　どんぐり

1　ほかの豚はそれほど幸運ではない。スペインでは大半の豚が畜産場でぎゅうぎゅうに詰め込まれ、加工大豆の餌で飼育されている。以下のサイトを参照。https://www.lavanguardia.com/internacional/20201224/6143002/navidad-soja-pavo-embutido-procedencia-amazonia.html. アンディ・ロビンソンがこの問題に関心を向けさせてくれた。

2　D. Gade, "Hogs (Pigs)," in K. Kiple and K. Ornelas (eds.), *The Cambridge World History of Food* (Cambridge: Cambridge University Press, 2000), pp. 539–540.

3　C. Roden, *The Book of Jewish Food: An Odyssey from Samarkand and Vilna to the Present Day* (London: Penguin Books, 1996), pp. 190–191.

4　引用元は1915年8月18日付の『ジャパンタイムズ』紙。

5　B. Webb, *The Diary of Beatrice Webb: The Power to Alter Things*, vol. 3, edited by N. MacKenzie and J. MacKenzie (London: Virago/LSE, 1984), p. 160.

6　S. Webb and B. Webb, *The Letters of Sidney and Beatrice Webb*, edited by N. MacKenzie and J. MacKenzie (Cambridge: Cambridge University Press, 1978), p. 375.

7　韓国の識字率のデータは以下による。N. McGinn et al., *Education and Development in Korea* (Cambridge, Mass.: Harvard University Press, 1980), table 17. タイ、フィリピン、マレーシアの識字率のデータは、UNESCO文化統計年鑑による。

8　https://data.oecd.org/hha/household-savings.htm.

第2章　オクラ

1　オクラの起源に関する議論は以下を参照。C. Smith, *The Whole Okra: A Seed to Stem*

Celebration (White River Junction, Vermont: Chelsea Green Publishing, 2019), ch. 1.

2　J. Carney and R. Rosomoff, *In the Shadow of Slavery: Africa's Botanical Legacy in the Atlantic World* (Berkeley: University of California Press, 2009).

3　R. Lipsey, "U.S. Foreign Trade and the Balance of Payments, 1800–1913," Working Paper no. 4710, NBER (National Bureau of Economic Research), Cambridge, Mass., 1994, p. 22, table 10.

4　M. Desmond, "In Order to Understand the Brutality of American Capitalism, You Have to Start on the Plantation," *New York Times*, 14 August 2019, https://www.nytimes.com/interactive/2019/08/14/magazine/slavery-capitalism.html. 筆者のブラジル人の友人で経済学者のペドロ・メンデス・ローレイオは、同じく奴隷経済だった当時のブラジルでも状況は同じだったと述べている。

5　K. G. Muhammad, "The Sugar That Saturates the American Diet Has a Barbaric History as the 'White Gold' That Fueled Slavery," *New York Times*, 14 August, 2019, https://www.nytimes.com/interactive/2019/08/14/magazine/sugar-slave-trade-slavery.html.

第3章　ココナッツ

1　以下の文献によれば、パームハートは「『ミリオネアのサラダ』と呼ばれている。大金持ちしか、椰子の木を一本まるごと切り倒して、葉柄を取り除き、可食部である中の大きな芽を取り出すことはできないからだ」という。H. Harries, "Coconut," in Kiple and Ornelas (eds.), *The Cambridge World History of Food*, p. 389.

2　フィッシュ＆チップスの店におけるココナッツ油の利用については、上記の文献のp. 390を参照。フィッシュ＆チップスの起源については以下を参照。D. Jurafsky, *The Language of Food* (New York: W. W. Norton & Company, 2014), ch. 3, "From Sikbāj to Fish and Chips" (『ペルシア王は「天ぷら」がお好き？——味と語源でたどる食の人類史』ダン・ジュラフスキー著、小野木明恵訳、早川書房、2015年).

3　ココナッツと魚の二商品経済のこともある。魚はロビンソン・クルーソーの話にも出てくる。「ロビンソン・クルーソー経済」モデルについては、以下を参照。https://en.wikipedia.org/wiki/ Robinson_Crusoe_economy.

4　国のデータは以下を参照。https://data.worldbank.org/indicator/SL.TLF.ACTI.ZS.

5　ブルキナファソで42%、ベナンで41%、カメルーン、チャド、シエラレオネで39%。以下を参照。https://data.unicef.org/topic/ child-protection/child-labour/.

6　2017年の年間労働時間は、カンボジアが2455時間、バングラデシュが2232時間、南ア

フリカが2209時間、インドネシアが2024時間だったのに対し、ドイツは1354時間、デンマークは1400時間、フランスは1514時間、日本は1738時間、米国は1757時間だった。以下を参照。https://ourworldindata.org/working-hours.

7　H.-J. Chang, *23 Things They Don't Tell You about Capitalism* (London: Penguin Press, 2010), Thing 3, "Most People in Rich Countries Are Paid More than they Should Be" (『世界経済を破綻させる23の嘘』ハジュン・チャン著、田村源二訳、徳間書店、2010年).

第2部　生産性を高める

第4章　片口鰯

1　S. Collier and W. Sater, *A History of Chile, 1808–2002*, 2nd edition (Cambridge: Cambridge University Press, 2004).

第5章　えび

1　A. Doyle, "Mangroves Under Threat from Shrimp Farms: U.N.," Reuters.com, 14 November 2012, https://www.reuters.com/article/us-mangroves/mangroves-under-threat-from-shrimp-farms-un-idUSBRE8AD1EG20121114.

2　S. Hussain and R. Badola, "Valuing Mangrove Benefits," *Wetlands Ecology and Management*, 2010, vol. 18, pp. 321–331.

3　Z. Wood, "Insects Tipped to Rival Sushi as Fashionable Food of the Future," *Guardian*, 25 June 2019, https://www.theguardian.com/business/2019/jun/25/insects-tipped-rival-sushi-fashionable-food-of-future. 豚肉はそれぞれ1.1キロと5キロ。鶏肉については、温室効果ガスのデータはないが、餌は2.5キロ。

4　蛋白質を1グラム生産するのに必要な水と土地は、昆虫が23リットルと18平方メートルなのに対し、牛肉は112リットルと254平方メートル。豚肉は57リットルと63平方メートル、鶏肉は34リットルと51平方メートル。参照文献は同上。

5　Ibid.

6　しかしジェファーソンものちにハミルトンと同じ側に立つに至った。ただ、そのときにはハミルトンはすでにこの世を去って久しかった（1804年、当時ジェファーソンの副大統領だったアーロン・バーと拳銃で決闘し、殺された）。1816年にベンジャミン・オースティンに送った手紙にジェファーソンは次のように書いている。「英国の製造業への依存を続けたい人々のあいだでわたしの言葉が引用されているとの由。以前は、もっとあからさまな言葉を引用されていたときもありましたが、この30年で時代は大きく

変わりました。[中略] 独立のためにも、安らぎのためにも製造業が必要であることを、わたしも経験から学びました。もし、わたしの今の意見を引用しているかたがいて、そのかたが今のわたしと同じように、国産品がある場合には、いかなる値段でも外国製品はいっさい買わないようにしてくれるとしたら、たとえすぐには供給が需要に追いつけないとしても、あの苦痛という武器を振りかざす相手からその武器を奪い取れるなら、わたしたちが責められるいわれはないでしょう」。以下を参照。https://founders.archives.gov/documents/Jefferson/03-09-02-0213.

第6章　麺

1 https://instantnoodles.org/en/noodles/report.html.

2 *Hankook Kyungje Shinmoon* (Korean Economic Daily), https://www.hankyung.com/news/article/2013041875301 (in Korean). 韓国の人口は5100万人なので、国民ひとり当たりの年間消費量は11食だ。これにインスタント麺の消費量を足せば、国民ひとり当たりのアルカリ性の麺の年間消費量は約90食になる。

3 1991年のジウジアーロのインタビューより。以下を参照。https://jalopnik.com/this-pasta-was-designed-by-the-man-who-designed-the-del-5594815.

4 https://bravearchitecture.com/praxis/giorgetto-giugiaros-inventive-marille-pasta/.

5 https://jalopnik.com/this-pasta-was-designed-by-the-man-who-designed-the-del-5594815.

6 http://www.autotribune.co.kr/news/articleView.html?idxno=2505 (in Korean); and https://oldcar-korea.tistory.com/61 (in Korean).

7 その年、ゼネラルモーターズは主要5ブランドの合計で478万台の自動車を生産した。生産台数の多い順にブランドを並べると、シボレー (約210万台)、ビュイック、オールズモービル、キャデラックとなる。1976年のフォードの生産台数は、186万台だった。以下を参照。https://en.wikipedia.org/wiki/U.S._Automobile_Production_Figures.

8 https://en.wikipedia.org/wiki/List_of_manufacturers_by_motor_vehicle_production. もとのデータは国際自動車工業連合会 (OICA) による。

9 1976年のひとり当たりの国民所得は、エクアドルが1264ドル、メキシコが1453ドルだったのに対し、韓国は834ドルだった。データは世界銀行による。以下を参照。https://data.worldbank.org/indicator/NY.GDP.PCAP.CD.

10 第二次世界大戦以前の米国の保護主義について詳しいことは、以下を参照。H.-J. Chang, *Kicking Away the Ladder* (London: Anthem Press, 2002), ch. 2 (『はしごを外せ——蹴落とされる発展途上国』ハジュン・チャン著、横川信治、張馨元、横川太郎

訳、日本評論社、2009年、第2章); H.-J. Chang, *Bad Samaritans* (London: Random House, 2007), ch. 2.

11 情報時代の基盤技術の開発において米国政府が果たした役割について詳しいことは、以下を参照。F. Block, "Swimming Against the Current: The Rise of a Hidden Developmental State in the United States," *Politics and Society*, vol. 36, no. 2 (2008); M. Mazzucato, *The Entrepreneurial State: Debunking Public vs. Private Sector Myths* (London: Anthem Press, 2013); L. Weiss, *America Inc.?: Innovation and Enterprise in the National Security State* (Ithaca, New York: Cornell University Press, 2014).

第7章 にんじん

1 オレンジ色のにんじんの起源についての話は以下を参照。http://www.carrotmuseum.co.uk/history.html, https://www.economist.com/the-economist-explains/2018/09/26/how-did-carrots-become-orange, and https://www.washingtonpost.com/blogs/ezra-klein/post/carrots-are-orange-for-an-entirely-political-reason/2011/09/09/gIQAfayiFK_blog.html.

2 A. Dubock, "Golden Rice: To Combat Vitamin A Deficiency for Public Health," https://www.intechopen.com/chapters/66098.

3 Chang, *Bad Samaritans*, ch. 6; J. Stiglitz, *Making Globalization Work* (New York: W. W. Norton & Co., 2007), ch. 4 (『世界に格差をバラ撒いたグローバリズムを正す』ジョセフ・E・スティグリッツ著、楡井浩一訳、徳間書店、2006年).

4 ハリソンが実際に受け取ったのは、1万8750ポンドだった。現在のお金に換算すると、3万ポンド(約490万円)だ。以下を参照。D. Bradbury, "Valuing John Harrison's Work—How Much Is That £20,000 Longitude Rewardd/Worth Today?" Office for National Statistics, https://blog.ons.gov.uk/2020/01/17/valuing-john-harrisons-work-how-much-is-that-20000-longitude-reward-worth-today/. マリン・クロノメーターの発明において報奨制度が果たした役割については、フェデリコ・ベニングホフの指摘で気づくことができた。

第3部 世界で成功する

第8章 牛肉

1 2021年、ウルグアイの国民ひとり当たりの牛の数は3.45頭だった。世界第2位はニュージーランドで2.10頭、第3位はアルゼンチンとブラジルでともに1.20頭。データは米農務省による。以下を参照。https://beef2live.com/story-world-cattle-inventory-vs-

human-population-country-0-111575.

2 S. Meghji, "How a Uruguayan Town Revolutionised the Way We Eat," *BBC Travel*, 7 January, 2019, https://www.bbc.com/travel/article/20190106-how-a-uruguayan-town-revolutionised-the-way-we-eat.

3 L. Lewowicz, "Justus von Liebig in Uruguay? His Last Ten Years of Research," paper presented at the 2015 Annual Meeting of the International Society for the Philosophy of Chemistry, https://www.researchgate.net/publication/279263915_Justus_von_Liebig_in_Uruguay_His_last_ten_years_of_research.

4 P. Russell, "History Cook: Lemco," *Financial Times*, 13 August, 2012, https://www.ft.com/content/6a6660e6-e88a-11e1-8ffc-00144feab49a.

5 Meghji, "How a Uruguayan Town Revolutionised the Way We Eat."

6 ピークの1942年11月には、英国に向かう食料輸送船の9%がドイツによって撃沈された。L. Collingham, *The Taste of War: World War Two and the Battle for Food* (London: Penguin Books, 2011), pp. 111–113(『戦争と飢餓』リジー・コリンガム著、宇丹貴代実、黒輪篤嗣訳、河出書房新社、2012年). ウルグアイのニュースサイト、メルコプレスの記事(「ソ連のスターリングラードの戦いを支えたウルグアイの町」)によると、連合国からソ連に送られた缶詰肉の15%がウルグアイのコーンビーフだったという。以下を参照。https://en.mercopress.com/2021/08/09/uruguayan-town-puts-historic-support-to-soviet-troops-during-battle-of-stalingrad-on-display.

7 P. Pickering and A. Tyrell, *The People's Bread: A History of the Anti-Corn Law League* (London and New York: Leicester University Press, 2000), p. 6.

8 大きな改革はたいていそうだが、この撤廃に至る過程にも、経済的な利害や、思惑や、組織が複雑に絡み合っており、限られた紙幅ではとうてい十分に論じられない。1846年の穀物法の廃止については、以下の文献に詳しい。Pickering and Tyrell, *The People's Bread*; および S. Schonhardt-Bailey, *From the Corn Laws to Free Trade—Interests, Ideas, and Institutions in Historical Perspective* (Cambridge, Mass.: The MIT Press, 2006). この撤廃で、地主層を基盤としていたトーリー党(保守党)が分裂した。撤廃後、首相だったロバート・ピールをはじめ、撤廃に賛成票を投じた議員たちは離党して、ピール派を結成した。この分裂の結果、トーリー党は以後20年にわたって、ほとんど政権を担えなかった。

9 M. Friedman and R. Friedman, *Free to Choose* (New York: Harcourt Brace and Jovanovich, 1980), p. 35(『選択の自由——自立社会への挑戦[新装版]』M&R・フリードマン著、西山千明訳、日本経済新聞出版社、2012年).

10　このような見方の典型的な例は、以下の文献で取り上げられている。J. Bhagwati, *Protectionism* (Cambridge, Mass.: The MIT Press, 1985)（『保護主義――貿易摩擦の震源』ジャグディッシュ・バグワティ著、渡辺敏訳、サイマル出版会、1989年）；および J. Sachs and A. Warner, "Economic Reform and the Process of Global Integration," *Brookings Papers on Economic Activity*, no. 1 (1995).

11　K. Fielden, "The Rise and Fall of Free Trade," in C. Bartlett (ed.), *Britain Pre-eminent: Studies in British World Influence in the Nineteenth Century* (London: Macmillan, 1969).

12　P. Bairoch, *Economics and World History: Myths and Paradoxe*s (Brighton: Wheatsheaf, 1993), pp. 41–42.

13　詳しくは、以下の文献を参照。Chang, *Bad Samaritans*, ch. 2. さらに詳しいことは以下の文献で論じられている。Chang, *Kicking Away the Ladder*；および Bairoch, *Economics and World History.*

14　https://www.infoplease.com/world/countries/territories-colonies-and-dependencies.

15　牛肉産業がいかにアマゾンの熱帯雨林をひどく破壊し、ひいては地球環境を損ねているかは以下の文献を参照。A. Robinson, *Gold, Oil and Avocados: A Recent History of Latin America in Sixteen Commodities* (New York: Melville House Books, 2021), ch. 14, "Beef (Pará) —The Capital of Ox."

第9章　バナナ

1　UNCTAD (United Nations Conference on Trade and Development), "Banana: An INFOCOMM Commodity Profile," 2016, https://unctad.org/system/files/official-document/INFOCOMM_cp01_Banana_en.pdf, p. 5.

2　2014年、デザート用バナナの輸出量が1700万トンだったのに対し、調理用バナナの輸出量はわずか90万トンだった。UNCTAD, "Banana," p. 5.

3　FAO (Food and Agricultural Organization), "Banana Facts and Figures," https://www.fao.org/economic/est/est-commodities/oilcrops/bananas/bananafacts#.Ye4JAFjP10s.

4　Ibid.

5　J. Carney and R. Rosomoff, *In the Shadow of Slavery: Africa's Botanical Legacy in the Atlantic World* (Berkeley: University of California Press, 2009), p. 34.

6　Ibid., p. 34.

7　Ibid., p. 34.

8 Ibid., p. 40.

9 Ibid., p. 40.

10 Ibid., p. 35.

11 Robinson, *Gold, Oil and Avocados*, p. 119.

12 G. Livingstone, *America's Backyard: The United States and Latin America from the Monroe Doctrine to the War on Terror* (London: Zed Press, 2009), p. 17.

13 D. Koppel, *Banana: The Fate of the Fruit That Changed the World* (New York: Hudson Street Press, 2007), p. 70 (『バナナの世界史――歴史を変えた果物の数奇な運命』ダン・コッペル著、黒川由美訳、太田出版、2012年).

14 1898年から1934年までのあいだに、米軍はカリブ海やラテンアメリカの10の国々にじつに計28回も侵攻している。ほとんどはバナナ会社のためだ。以下の文献を参照。Koppel, *The Fate of the Fruit That Changed the World*, p. 63. 米軍によるそれらの国々への侵攻と占領については、ユナイテッド・フルーツ保存会のサイトにも詳しく記されている(https://www.unitedfruit.org/chron.htm)。

15 Koppel, *Banana: The Fate of the Fruit That Changed the World*, p. 87.

16 E. Posada- Carbo, "Fiction as History: The *Bananeras* and Gabriel García Márquez's *One Hundred Years of Solitude*," *Journal of Latin American Studies*, vol. 30, no. 2 (1998).

17 ヘンリーのホンジュラス時代と「バナナ共和国」という言葉が生まれた背景については、以下の文献を参照。M. McLean, "O. Henry in Honduras," *American Literary Realism, 1870–1910*, vol. 1, no. 3 (Summer 1968). また以下も参照。Koppel, *Banana: The Fate of the Fruit That Changed the World*, p. 92.

18 R. Monge-Gonzalez, "Moving Up the Global Value Chain: The Case of Intel Costa Rica," ILO Americas Technical Report, 2017/8, International Labour Organization, 2017, https://www.ilo.org/wcmsp5/groups/public/---americas/---ro-lima/documents/publication/wcms_584208.pdf.

19 K. S. Na, "The Motor Force of Our Economy—50 Year History of Semi-conductor" (in Korean), http://www.economytalk.kr/news/articleView.html?idxno=130502 (in Korean).

20 https://data.worldbank.org/indicator/TX.VAL.TECH.MF.ZS.

21 さらに詳しいことは以下を参照。H.-J. Chang, "Regulation of Foreign Investment in Historical Perspective," *European Journal of Development Research*, vol. 16, no. 3 (2004).

22 アイルランドについてさらに詳しいことは上記の文献を参照。シンガポールについては以下を参照。M. Kuan, "Manufacturing Productive Capabilities: Industrial Policy and Structural Transformation in Singapore," PhD dissertation, University of Cambridge, 2015.

第10章 コカ・コーラ

1 T. Standage, *A History of the World in Six Glasses* (New York: Bloomsbury USA, 2006), p. 272.

2 M. Pendergrast, *For God, Country, and Coca-Cola: The Definitive History of the Great American Soft Drink and the Company That Makes It*, 3rd edition (New York: Basic Books, 2013), p. 425(『コカ・コーラ帝国の興亡―― 100年の商魂と生き残り戦略』マーク・ペンダグラスト著、古賀林幸訳、徳間書店、1993年).

3 以下3段落のコカ・コーラに関する記述は主に上記の文献による。

4 Standage, *A History of the World in Six Glasses*, p. 250.

5 "History of Coca-Cola," InterExchange, https://www.interexchange.org/articles/career-training-usa/2016/03/08/history-coca-cola/.

6 Pendergrast, *For God, Country, and Coca-Cola*, p. 30.

7 E. Abaka, "Kola Nut," in Kiple and Ornelas (eds.), *The Cambridge World History of Food*, p. 684.

8 Ibid., pp. 688–690. 引用はp. 690より。

9 D. Starin, "Kola Nut: So Much More Than Just a Nut," *Journal of the Royal Society of Medicine*, vol. 106, no. 12 (2013).

10 Carney and Rosomoff, *In the Shadow of Slavery: Africa's Botanical Legacy in the Atlantic World*, pp. 70–71. また以下も参照。 Abaka, "Kola Nut," p. 688.

11 V. Greenwood, "The Little-known Nut That Gave Coca-Cola Its Name," BBC, https://www.bbc.com/future/article/20160922-the-nut-that-helped-to-build-a-global-empire.

12 Standage, *A History of the World in Six Glasses*, p. 250.

13 B. Delaney, "It's Not Cocaine: What You Need to Know About the Pope's Coca Drink," *Guardian*, 9 July 2015.

14 H.-J. Chang, J. Hauge, and M. Irfan, *Transformative Industrial Policy for Africa* (Addis Ababa: United Nations Economic Commission for Africa, 2016).

第4部　ともに生きる

第11章　ライ麦

1　国連食糧農業機関（FAO）によると、2019年のドイツのライ麦の生産量は323万トンだった。ドイツに次いで多いのは、ポーランド（242万トン）、ロシア（143万トン）、デンマーク（88万トン）、ベラルーシ（75万トン）。以下を参照。http://www.fao.org/faostat/en/#data/QC.

2　富裕国では、税のおよそ3分の1がこのような形で徴収されている。途上国ではその割合は税収の半分以上になる。以下を参照。https://www.oecd.org/tax/tax-policy/global-revenue-statistics-database.htm.

3　https://www.ons.gov.uk/peoplepopulationandcommunity/personalandhouseholdfinances/incomeandwealth/bulletins/theeffectsoftaxesandbenefitsonhouseholdincome/financialyearending2018.

4　2019年、米国では医療費がGDPの17％を占めたが、OECDではその数字は平均8.8％だった。スイス12％、ドイツ11.7％、英国10.3％、フィンランド9.1％、イタリア8.7％、アイルランド6.8％。以下を参照。https://data.oecd.org/healthres/health-spending.htm.

5　ダイナミズムを促進する社会保障制度の役割については、拙著『世界経済を破綻させる23の嘘』の「第21の嘘――経済を発展させるには小さな政府のほうがよい」でさらに詳しく論じている。

第13章　唐辛子

1　S. Walton, *The Devil's Dinner: A Gastronomic and Cultural History of Chilli Peppers* (New York: St Martin's Press, 2018), p. 21（『トウガラシ大全――どこから来て、どう広まり、どこへ行くのか』スチュアート・ウォルトン著、秋山勝訳、草思社、2019年）.

2　もっと客観的、科学的に唐辛子の辛さを計測できる、高速液体クロマトグラフィー（HPLC）と呼ばれる方法もある。ただしこれは唐辛子の辛さを計測するためだけに開発された方法ではなく、例えば、スポーツ選手のドーピング検査などにも使われている。上記の文献のp.18〜20を参照。

3　四川料理のレシピ本や、四川料理について書かれた本をどれでも1冊、ぱらぱらとめくってみるだけでこのことはわかるだろう。英国人シェフ、フクシア・ダンロップが食べ物について書いた、以下の回想録は特にお薦めだ。Fuchsia Dunlop, *Sharks Fins and Sichuan Pepper: A Sweet-sourMemoir of Eating in China* (London: Ebury Press, 2011).

4　GDPがなぜ幸福の尺度にならないのかについて、簡単な解説は以下を参照。H.-J. Chang, *Economics: The User's Guide* (London:Penguin, 2014) (『ケンブリッジ式 経済学ユーザーズガイド――経済学の95%はただの常識にすぎない』ハジュン・チャン著、酒井泰介訳、東洋経済新報社、2015年). さらに詳しい議論は以下を参照。D. Pilling, *The Growth Delusion* (London: Bloombsbury, 2018) (『幻想の経済成長』デイヴィッド・ピリング著、仲達志訳、早川書房、2019年).

5　認知労働には、ニーズを察知し、そのニーズを満たすための手段を見つけ、判断を下し、経過を観察するということも含まれる。女性がこのような認知労働（特に察知と観察）の担い手になることが多いことがダミンジャーの研究には示されている。以下を参照。A. Daminger, "The Cognitive Dimension of Household Labor," *American Sociological Review*, vol. 84, no. 4 (2019).

6　無報酬労働の市場価格を推定する別の方法については、以下を参照。Pilling, *The Growth Delusion*, ch. 3,

7　N. Folbre, *The Rise and Decline of Patriarchal Systems: An Intersectional Political Economy* (London: Verso, 2020). 年金制度の性差に対する取り組みの事例は、以下を参照。Women's Budget Group, "Pensions and Gender Inequality: A Pre-budget Briefing from the Women's Budget Group," March 2020, https://wbg.org.uk/wp-content/uploads/2020/02/final-pensions-2020.pdf.

8　性差別がほかの差別（人種差別など）とどのように作用し合って、一部の職業に「女性化」を引き起こしているかは、以下の文献で深く掘り下げられている。Folbre, *Rise and Decline.*

9　これらの変化についてのさらに詳しい議論は、以下を参照。The Care Collective, *The Care Manifesto: The Politics of Interdependence* (London: Verso, 2020) (『ケア宣言――相互依存の政治へ』ケア・コレクティヴ著、岡野八代、冨岡薫、武田宏子訳、大月書店、2021年).

第5部　未来について考える

第14章　ライム

1　https://www.guinnessworldrecords.com/world-records/largest-empire-by-population.

2　https://www.guinnessworldrecords.com/world-records/largest-empire- (absolute).

3　英国家統計局によると、1938年の英国の人口は推定4600万人だった。https://www.ons.gov.uk/peoplepopulationandcommunity/populationandmigration/populationestimates/adhocs/004357greatbritainpopulationestimates1937to2014. 英国本土以外の

大英帝国の人口は、その10.5倍に当たる4億8500万人だった。

4 P. K. O'Brien, "State Formation and the Construction of Institutions for the First Industrial Nation," in H.-J. Chang (ed.), *Institutional Change and Economic Development* (Tokyo: United Nations University Press, and London: Anthem Press, 2007).

5 Ibid.

6 Ibid.

7 P. Laszlo, *Citrus—A History* (Chicago: The University of Chicago Press, 2007), pp. 88–90（『柑橘類（シトラス）の文化誌――歴史と人との関わり』ピエール・ラスロー著、寺町朋子訳、一灯舎、2010年）.

8 C. Price, "The Age of Scurvy," *Distillations*, Science History Institute, 2017, https://www.sciencehistory.org/distillations/the-age-of-scurvy.

9 Ibid.

10 英国の作家フィリップ・K・アランは次のように書いている。「他国の海軍は同様の対策を取るのが遅れた。事情はいろいろだ。フランスのように、大量の柑橘類を支給することに伴うコストや兵站上の問題を嫌った海軍もあれば、スペインのように、レモンの入手は容易でも、水兵の飲酒を禁じていて、酒に果汁を混ぜることを容認できなかった海軍もある。英海軍の新たな試みをばかげたものと見なした海軍もあった」。以下を参照。P. K. Allan, "Finding the Cure for Scurvy," *Naval History Magazine*, vol. 35, no. 1 (February 2021), https://www.usni.org/magazines/naval-history-magazine/2021/february/finding-cure-scurvy.

11 ポーツマスの英海軍病院における壊血病の治療件数は、1780年には1457件だった。それが1806年にはわずか2件になった。 以下を参照。Laszlo, *Citrus*, p. 86.

12 J. Eaglin, "More Brazilian than Cachaça: Brazilian Sugar-based Ethanol Development in the Twentieth Century," *Latin American Research Review*, vol. 54, no. 4 (2019).

13 Ibid.

14 厳密にいえば、それらの代替エネルギーからも温室効果ガスは出る。発電設備の建設や稼働のために化石燃料が使われるからだ。例えば、風力発電の場合、タービンの製造に必要な鋼や樹脂やセメントにも、稼働に必要な潤滑油にも、今のところ、化石燃料が使われている。風力発電のタービンについては、以下を参照。V. Smil, "Why You Need Fossil Fuels to Get Electricity from Wind," in *Numbers Don't Lie: 71 Things You Need to Know About the World* (London: Viking, 2020)（『Numbers don't lie――世界のリアルは「数字」でつかめ！』バーツラフ・シュミル著、栗木さつき、熊谷千寿

訳、NHK出版、2021年).

15 それらの製造にどのように化石燃料が使われているかについては、以下の文献を参照。V. Smil, *How the World Really Works: A Scientist's Guide to Our Past, Present, and Future* (London: Penguin RandomHouse, 2022).

16 X. Xu et al., "Global Greenhouse Gas Emissions from Animal-Based Foods Are Twice Those of Plant-based Foods," *Nature Food*, September 2021.

17 Ibid.

18 さらに詳しいことは以下の文献を参照。A. Anzolin and A. Lebdioui, "Three Dimensions of Green Industrial Policy in the Context of Climate Change and Sustainable Development, *European Journal of Development Research*, vol. 33, no. 2 (2021).

19 これは行動経済学の最も根本的な洞察とも一致する。賢明な意思決定を妨げる最大の要因は、情報の欠如ではなく、知的能力の限界(行動経済学の用語では「限定合理性」)であるという洞察だ。経済学の各学派については、拙著『ケンブリッジ式 経済学ユーザーズガイド——経済学の95%はただの常識にすぎない』の第4章を参照。

第15章　スパイス

1 ヨーロッパ人はインド洋や太平洋を渡るにあたって、自分たちよりそれらの海のことをよく知っているアラブ人や南アジア人の船乗りを雇わなくてはならなかった。以下の文献を参照。J. Hobson, *The Eastern Origins of Western Civilization* (Cambridge: Cambridge University Press, 2004), pp. 140–144. それらの船乗りは「ラスカ」と呼ばれた。現在の英国で「インド」料理店を営んでいるシレット出身の人たちはその末裔だ。

2 政策の提案については、拙著『世界経済を破綻させる23の嘘』の「第22の嘘——金融市場の効率化こそが国に繁栄をもたらす」や、『ケンブリッジ式 経済学ユーザーズガイド——経済学の95%はただの常識にすぎない』の第8章を参照。

第16章　いちご

1 トライフルのゼリーを巡る論争は、以下を参照。"No Such Thing as a Mere Trifle" in WordofMouth Blog, https://www.theguardian.com/lifeandstyle/wordofmouth/poll/2009/dec/21/perfect-trifle-jelly.

2 B. Neuburger, "California's Migrant Farmworkers: A Caste System Enforced by State Power," *Monthly Review*, vol. 71, no. 1 (2019). メキシコ人農業労働者に頼っているのは、カリフォルニアだけではない。米国全体の農業労働者の約80%が移民であり、

その過半数をメキシコ出身者が占めている。

3 E. Schlosser, "In the Strawberry Fields," *The Atlantic*, November 1995, https://www.theatlantic.com/magazine/archive/1995/11/in-the-strawberry-fields/305754/.

4 Ibid.

5 大半の農業労働者は通年ではなく季節単位で雇用されているので、その年収は時給から計算される額をはるかに下回りうる。ワシントンに拠点を置く進歩的なシンクタンク、経済政策研究所(EPI)によると、2015年の農業労働者の平均年収は1万7500ドルと推定され、時給から計算される額の60%以下だという(カリフォルニア州の最低賃金より高い12〜14ドルで計算。実際のカリフォルニア州の最低賃金は、2017年には10〜10.50ドルだった)。以下を参照。P. Martin and D. Costa, "Farmworker Wages in California: Large Gaps between Full-time Equivalent and Actual Earnings," 2017, https://www.epi.org/blog/farmworker-wages-in-california-large-gap-between-full-time-equivalent-and-actual-earnings/.

6 K. Hodge, "Coronavirus Accelerates the Rise of the Robot Harvester," *Financial Times*, 1 July 2020, https://www.ft.com/content/eaaf12e8-907a-11ea-bc44-dbf6756c871a.

7 J. Bessen, *Learning by Doing: The Real Connection between Innovation, Wages, and Wealth* (New Haven: Yale University Press, 2015), pp. 96–97. ベッセンは計算に入れていないが、この期間に米国の人口が6倍に増えた(1280万人から7620万人に)ことを考えれば、これは国民ひとり当たりで66.7%の増加を意味する。

8 積極的労働市場政策がスウェーデンとフィンランドでどのような成果を上げたかは、以下を参照。D. Stuckler and S. Basu, *The Body Economic: Why Austerity Kills* (New York: Basic Books, 2013), ch. 7, "Returning to Work"(『経済政策で人は死ぬか?——公衆衛生学から見た不況対策』デヴィッド・スタックラー、サンジェイ・バス著、橘明美、臼井美子訳、草思社、2014年).

第17章 チョコレート

1 E. Purser, "The Great Transatlantic Chocolate Divide," *BBC News Magazine*, 15 December 2009, http://news.bbc.co.uk/2/hi/uk_news/magazine/8414488.stm.

2 国連工業開発機関(UNIDO)の最新のデータによれば、2015年のスイスの国民ひとり当たりのMVA(製造業付加価値額)は、1万4404ドルだった。これは2位以下に圧倒的な差をつけての世界1位だ。2位はシンガポールで、9537ドル。3位はドイツで、シンガポールよりわずかに少ない9430ドル。米国と中国はそれぞれ5174ドル、2048

ドルだった。以下を参照。https://www.unido.org/sites/default/files/files/2017-11/IDR2018_FULL%20REPORT.pdf.

3 Chang, *Economics: The User's Guide*, pp. 264–265.

【著者紹介】
ハジュン・チャン（Ha-Joon Chang）
ロンドン大学東洋アフリカ学院（SOAS）で経済学を教えている。世界を代表する経済学者のひとり。著書に『ケンブリッジ式 経済学ユーザーズガイド』（東洋経済新報社）、No.1ベストセラーとなった『世界経済を破綻させる23の嘘』（徳間書店）、『悪しきサマリア人（Bad Samaritans）』（未邦訳）などがある。

【訳者紹介】
黒輪篤嗣（くろわ　あつし）
翻訳家。上智大学文学部哲学科卒業。ノンフィクションの翻訳を幅広く手がける。主な訳書に『新しい世界の資源地図』『ワイズカンパニー』（以上、東洋経済新報社）、『問いこそが答えだ！』（光文社）、『哲学の技法』『ドーナツ経済』（以上、河出書房新社）、『宇宙の覇者 ベゾスvsマスク』（新潮社）、『レゴはなぜ世界で愛され続けているのか』（日本経済新聞出版社）などがある。

経済学レシピ
食いしん坊経済学者がオクラを食べながら資本主義と自由を考えた

2023年12月5日発行

著　者――ハジュン・チャン
訳　者――黒輪篤嗣
発行者――田北浩章
発行所――東洋経済新報社
〒103-8345　東京都中央区日本橋本石町 1-2-1
電話＝東洋経済コールセンター　03(6386)1040
https://toyokeizai.net/

カバーデザイン……橋爪朋世
イラスト……………えのきのこ
ＤＴＰ……………アイランドコレクション
編集協力…………パプリカ商店
印刷・製本………丸井工文社
編集担当…………矢作知子
Printed in Japan　　ISBN 978-4-492-31554-5